# Una lucha heroica
# Una derrota amarga

### Factores que contribuyeron al desmantelamiento del Estado Socialista en la Unión Soviética

## Bahman Azad

***Una lucha heroica – Una derrota amarga***:
Factores que contribuyeron al desmantelamiento
del Estado Socialista en la Unión Soviética

**Bahman Azad**

Traducción Española: Paul Dobson

ISBN 979-8-218-02767-4

© Farabi Publishers, 2022, New Jersey, USA
    Todos los derechos reservados

--------

Primera edición (inglés):
2000 International Publishers, Nueva York

Library of Congress Cataloging-in-Publication Data

Azad, Bahman.
                        p. cm.
Incluye índice.
ISBN 0-7178-0726-6
1. Comunismo—Unión Soviética—Historia. I. Título
HX311.5 .A96 2000
947.084—dc21
00-040729

## *Prólogo*

Este libro es una versión revisada y ampliada de un documento que fue escrito originalmente en 1994 como un borrador sobre las causas del desmantelamiento del Estado Socialista en la Unión Soviética (URSS) para ser presentado en el IV Congreso del Partido Tudeh de Irán (TPI). Algunos segmentos del documento original se publicaron posteriormente en el órgano central del TPI, Nameh Mardom, en 1998.

Sin embargo, mi investigación original sobre el proceso histórico de construcción socialista en la URSS se remonta mucho más atrás, a mediados de los años setenta, cuando fui estudiante de doctorado de sociología y economía. Como sociólogo marxista con un enfoque especial en el cambio social y los sistemas económicos comparativos me dediqué a estudiar el proceso de desarrollo socialista, especialmente el desarrollo económico en la URSS. De hecho, fue mi investigación académica y la exposición en profundidad a los tremendos logros económicos y sociales del socialismo en la Unión Soviética lo que me transformó de un simple académico marxista a un dedicado activista de la causa del socialismo y el comunismo, una dedicación que ha seguido definiendo todos los aspectos de mi vida hasta el día de hoy.

Mi enfoque académico inicial sobre la cuestión de la construcción socialista impidió que mi fascinación por los logros históricos del socialismo me cegara ante las dificultades -tanto teóricas como prácticas- que existían en el camino del desarrollo del socialismo en la URSS. Mis años de estudio sobre el tema me habían enseñado que tal desarrollo no era una tarea fácil ni una lucha de corto plazo. Además, mis estudios me habían mostrado que lo que existía en la URSS no era una sociedad perfecta, como muchos pensábamos entonces, sino una sociedad de transición que luchaba por superar los obstáculos internos y externos en su camino hacia la perfección. De hecho, era un sistema social incompleto, con muchas carencias y deficiencias, aunque seguía siendo lo mejor que la civilización humana había producido a lo largo de siglos de desarrollo económico, social, cultural y científico. Llegué a ver los defectos de los sistemas socialistas actuales bajo la misma luz que uno ve los defectos de un Boeing 747, o los de la Misión Apolo a la luna, o los del transbordador espacial de hoy: todos ellos señalan los límites actuales de los logros de la humanidad; todos ellos deben ser superados si la civilización humana ha de avanzar más allá de donde se encuentra hoy. Me di cuenta de que los sistemas socialistas actuales debían ser defendidos, no porque fueran sistemas ideales impecables, sino porque constituían la cumbre de los logros históricos de la humanidad; porque eran, y siguen siendo, el único camino de la humanidad hacia un futuro pacífico y próspero.

De hecho, fue esta comprensión racional de la necesidad histórica del socialismo la que me ayudó a mantener mi equilibrio emocional ante los terremotos que siguieron al desmantelamiento de los Estados Socialistas en la Unión Soviética y otros países europeos. La pérdida de estos sistemas socialistas no me condujo a la desilusión y la desesperación sino a las preguntas lógicas de por qué y cómo había sido posible semejante retroceso histórico y su reversión.

Por eso acogí con entusiasmo la idea de elaborar un documento borrador sobre las posibles causas del desmantelamiento del Estado Socialista en la Unión Soviética. Pero esta vez, la tarea era muy diferente. Mientras que en la década de 1970 mi investigación se centró principalmente en los logros históricos de los países socialistas, a menudo ignorados y sistemáticamente minimizados, esta vez la tarea principal era buscar los más mínimos indicios de potenciales problemas en el mismo volumen de material histórico que antes había demostrado la superioridad del socialismo sobre el capitalismo.

Para lograrlo tuve que tener varios puntos metodológicos de importancia constantemente presentes. En primer lugar, dado el tremendo impacto emocional de la destrucción de los Estados Socialistas sobre personas progresistas y especialmente sobre las y los comunistas, era imperativo que yo evitara caer en la trampa del negativismo y el rechazo hacia el pasado en el que algunos ya habían caído. Mi primera preocupación, por tanto, era no permitir que las emociones negativas imperantes se interpusieran en el análisis histórico racional.

El segundo punto era tener en cuenta las enormes dimensiones históricas del proceso de construcción socialista, así como las de los recientes retrocesos, y evitar así hacer generalizaciones amplias positivas o negativas basadas en meras experiencias de un determinado partido, grupo de personas o incluso de una generación. El proceso de construcción socialista que se inició con la Gran Revolución Socialista de Octubre abarcó todo el mundo y contó con la participación de más de cien partidos comunistas y obreros. Por lo tanto, la evaluación de sus logros y fracasos históricos no podría llevarse a cabo de manera exhaustiva si no se recogen, analizan e incorporan al análisis las experiencias de todos estos partidos y naciones, especialmente las del PCUS y del pueblo de la Unión Soviética. Una tarea tan tremenda requiere una enorme cantidad de recursos, y no puede lograrse en un corto período de tiempo, no al menos durante la vida de una sola generación. En consecuencia, hay que abstenerse de hacer juicios apresurados y generalizaciones no-históricas basadas únicamente en experiencias inmediatas.

En tercer lugar, y probablemente mi preocupación metodológica más importante, era no perder de vista los intereses de la clase trabajadora en este difícil proyecto. El peligro inmediato al llevar a cabo tal tarea radica en el hecho de que uno pueda fácilmente confundir sus propios intereses de clase subconscientes y su visión del mundo con los de la clase obrera en su totalidad, dejando las puertas abiertas para la sustitución de un análisis objetivo de la clase obrera sobre el pasado del socialismo por un amplio ataque burgués al socialismo y al comunismo.

Este libro fue escrito teniendo en cuenta estas serias preocupaciones metodológicas. Por lo tanto, debo enfatizar que no se presenta como un relato exhaustivo ni concluyente de los logros y fracasos pasados del socialismo en la URSS. Por el contrario, debe ser visto simplemente como un esfuerzo, un trampolín más, para impulsar una discusión concreta, muy necesaria y largamente esperada sobre los factores que contribuyeron al desmantelamiento del socialismo en la URSS y en Europa del Este.

Por último, hay que mencionar algunos puntos sobre el contenido de este libro. En primer lugar, como ya se ha mencionado, la mayoría de los datos históricos presentados en este libro se basan en la investigación que realicé durante las décadas de los setenta y los ochenta. Están tomados principalmente de fuentes occidentales que, como es lógico, hacían demasiado hincapié en las deficiencias y subestimaban los logros históricos del socialismo en la URSS. Aunque podrían sustituirse por datos más precisos proporcionados por fuentes socialistas, incluyendo el gobierno de la Unión Soviética, decidí no hacerlo.

6

Mi razón principal era dejar que la lectora o el lector leyera los logros del socialismo de fuentes occidentales y no de las y los propios comunistas. En mi opinión, estas confesiones occidentales sobre los tremendos logros del socialismo, aunque subestimadas, son bastante reveladoras en sí mismas.

En segundo lugar, la mayor parte de las conclusiones extraídas aquí se basan en las largas y profundas discusiones que he mantenido sobre este tema primeramente entre 1990 y 1994 con muchos miembros del Comité Central del Partido Tudeh de Irán, y más tarde con destacados camaradas del Partido Comunista de los EE. UU. Estoy en deuda con ellas y ellos por sus ideas y contribuciones. Sin embargo, soy el único responsable de las deficiencias del libro.

En tercer lugar, el texto de este libro fue escrito originalmente en farsi. Estoy en gran deuda con dos de mis camaradas cuyos nombres, por desgracia, no puedo revelar por haber traducido partes de este documento al inglés.

Por último, pero no por ello menos importante, estoy profundamente agradecido a las y los camaradas que me animaron a transformar y publicar este documento como libro. Entre ellos debo mencionar especialmente al camarada Tim Wheeler, editor del *Peoples Weekly World*, por su cálido apoyo y sus contribuciones editoriales.

Dedico este trabajo al camarada Gus Hall por su liderazgo revolucionario; a la memoria de nuestro difunto camarada Michael Davidow por su internacionalismo intransigente; y a la memoria viva de nuestro difunto camarada líder, Noureddin Kianouri, quien dedicó toda su vida a la causa del socialismo y de la clase obrera.

*Bahman Azad*
*mayo de 2000*

# Ochenta años después de la victoria de la Gran Revolución Socialista de Octubre

## 1. La Gran Revolución de Octubre y los logros del socialismo

Nuestro mundo pasó por tremendas y sorprendentes transformaciones a principios del siglo XXI. El proceso que se inició con la Gran Revolución Socialista de Octubre hace más de ochenta años y que influyó de manera decisiva en el curso del desarrollo de la historia de la humanidad mediante el establecimiento del primer Estado obrero del mundo, ha entrado ahora en una nueva etapa debido al desmantelamiento de la Unión Soviética y de otros Estados Socialistas de Europa del Este.

Durante el siglo pasado la idea del socialismo se extendió ampliamente por todo el mundo. En poco tiempo, el desarrollo del socialismo logró eliminar la pobreza, el hambre, el desempleo, la falta de vivienda y la falta de acceso a la sanidad y la educación en un amplio sector del planeta. Tras la Revolución de Octubre la sociedad soviética dio pasos gigantescos hacia la industrialización y el desarrollo económico y, en el plazo de menos de tres décadas, se transformó de un país capitalista subdesarrollado en una sociedad industrial avanzada y una potencia económica solo superada por los Estados Unidos.

Con el establecimiento de la propiedad socialista sobre los medios de producción, los pueblos de la Unión Soviética y posteriormente de otros países socialistas alcanzaron una serie de derechos y libertades sin precedentes. A las trabajadoras y trabajadores de estos países se les garantizó el derecho al trabajo, el derecho a la vivienda y al refugio, el derecho a la asistencia sanitaria y a la educación gratuitas, a la seguridad social y el derecho a beneficiarse libremente de diversos servicios culturales y artísticos proporcionados por la sociedad socialista, derechos que eran, y siguen siendo, prácticamente inimaginables en la mayoría de los países capitalistas.

El socialismo reconoció inmediatamente en sus leyes constitucionales la plena igualdad de derechos para las mujeres, derechos que, incluso a finales del siglo XX, no se aplican plenamente en gran parte de los países capitalistas avanzados. El Estado Soviético facilitó sistemáticamente la participación activa de las mujeres en la economía y garantizó la igualdad de salario por el mismo trabajo. A mediados de la década de 1980, las mujeres del Estado Socialista de la Unión Soviética constituían más del 51 por ciento de la fuerza laboral activa de la sociedad. En muchos campos económicos las mujeres estaban muy por encima de los hombres: constituían el 75 por ciento del cuerpo de médicos y trabajadores de la salud, el 73 por ciento del cuerpo de profesores, el 70 por ciento de la comunidad de trabajadores culturales, el 76 por ciento del cuerpo de trabajadores del sector comercial y el 68 por ciento del cuerpo de trabajadores de las comunicaciones. Para facilitar aún más la participación de las mujeres en la mano de obra y su implicación activa en todos los ámbitos de la vida social, la sociedad socialista proporcionó sistemáticamente a las mujeres servicios como guarderías en el lugar de trabajo, generosos permisos de maternidad, jornadas y semanas laborales más cortas para las madres trabajadoras, e incluso acuerdos para trabajar en casa mientras se crían los bebés. A pesar de que la herencia secular de la opresión de la mujer, y especialmente el atraso de la sociedad rusa a principios del siglo XX, mantenían la condición de la mujer lejos de lo que podría haber sido en una sociedad socialista «ideal», se puede afirmar con confianza que los logros históricos del socialismo en el ámbito de la emancipación de la mujer no tenían precedentes y eran innegables.

La instauración del socialismo y el reconocimiento de la igualdad de derechos de las nacionalidades por parte del Estado Socialista crearon las condiciones más favorables para la coexistencia fraternal y pacífica de todas las naciones en toda la Unión Soviética, y posteriormente en otros países socialistas multinacionales. A lo largo de todo el período de gobierno socialista en estos países, las diferentes nacionalidades, a pesar de todas sus diferencias culturales y sociales, y a pesar de los conflictos anteriores entre algunas de ellas, convivieron de forma pacífica e internacionalista. Al eliminar las condiciones materiales que dan lugar a los conflictos nacionales y al garantizar el bienestar de todos, el socialismo demostró que las animosidades y los conflictos entre las naciones no surgen de las diferencias culturales, sino de la pobreza, el subdesarrollo y la competencia económica y política que surge debido a la competencia por los recursos. El resurgimiento de las guerras y los conflictos nacionales en estos países tras el desmantelamiento de los Estados Socialistas es una prueba vívida de este hecho.

La Revolución de Octubre actuó como detonante de un proceso que condujo al colapso del viejo orden colonial en el mundo. Con la ayuda del campo socialista, el viejo sistema colonial fue eliminado de la faz de la Tierra, y muchos países del «tercer mundo» obtuvieron su independencia política y, hasta cierto punto, económica.

Durante la Segunda Guerra Mundial, las fuerzas del socialismo, en primer lugar la Unión Soviética, desempeñaron un papel determinante en la derrota de la amenaza del fascismo, salvando así a la raza humana del peligro que amenazaba su futura existencia. Debido al creciente prestigio del socialismo, resultado directo de sus logros internos así como de su papel en la victoria sobre el fascismo, las luchas de liberación nacional en muchos países tomaron una orientación socialista. En algunos países como China, Cuba, Vietnam, Corea, etcétera, las revoluciones socialistas triunfaron. La desinteresada ayuda económica, política y militar de la Unión Soviética desempeñó un papel importante en el desarrollo económico y el progreso social de estos países. La revolución socialista en Cuba, que el imperialismo sigue intentando destruir brutalmente, es un ejemplo vivo e innegable de estos logros socialistas.

Durante el período posterior a la Segunda Guerra Mundial, el socialismo desempeñó un importante papel para asegurar la paz mundial y evitar que las rivalidades interimperialistas se convirtieran en guerras destructivas. Solo durante el período posterior a la Segunda Guerra Mundial, la Unión Soviética y otros países socialistas presentaron a la comunidad mundial más de 160 propuestas de desarme, prohibición de pruebas nucleares e incluso reducción unilateral de armas nucleares, todas las cuales fueron ignoradas por las potencias imperialistas. El paso de la Unión Soviética en 1985 hacia una reducción unilateral de las armas nucleares -a pesar de las graves amenazas que esto podría suponer para su seguridad nacional- y la propuesta soviética de un mundo libre de armas nucleares para el año 2000, siguen siendo ejemplos brillantes de los esfuerzos de los países socialistas por salvaguardar la paz mundial y eliminar

12

las tensiones en las relaciones internacionales. Estos esfuerzos crearon un enorme prestigio y respeto por el socialismo entre los pueblos amantes de la paz del mundo.

Los éxitos y el aumento de la autoridad material y moral del socialismo en el mundo tuvieron un impacto significativo en la vida económica, política y social de los países capitalistas. Los logros del socialismo, junto con las luchas de las trabajadoras y trabajadores en los países capitalistas, obligaron a las clases dominantes de estos países a dar concesiones adicionales para impedir la difusión del pensamiento socialista y del movimiento comunista entre ellos. En todo el mundo capitalista se reconoció el derecho a la organización laboral y sindical, así como el derecho a la negociación colectiva de las trabajadoras y trabajadores. El movimiento obrero en los países capitalistas, en la mayoría de los casos beneficiándose de la fuerza internacional del socialismo, alcanzó nuevas cotas y forzó importantes reformas económicas y sociales en el orden capitalista. En los Estados Unidos el movimiento obrero, con la ayuda del Partido Comunista, logró imponer a la clase dominante un sistema universal de seguridad social y de subsidio de desempleo. En Europa Occidental el movimiento obrero entró directamente en la arena política y, en forma de socialdemocracia, forzó cambios significativos en la superestructura política del sistema capitalista, llevando a cabo importantes reformas en el modo de intercambio de estas sociedades. En muchos países capitalistas, la socialdemocracia se convirtió en la forma predominante de organización de la vida política. Las conquistas económicas y sociales de la clase obrera en muchos países capitalistas se han convertido ahora en parte integrante de la realidad objetiva, y las clases dominantes de estos países se enfrentan a graves dificultades y a una feroz resistencia por parte de la clase obrera en sus esfuerzos por recuperarlas.

Uno de los logros globales más significativos e irreversibles del socialismo ha sido su impacto en la ampliación y profundización del significado del concepto de derechos humanos fundamentales. El ejemplo de los países socialistas amplió el concepto de derechos humanos fundamentales para incluir también derechos económicos como el derecho al trabajo, el derecho a la vivienda, el derecho a la asistencia sanitaria, el derecho a la educación y principios como la paz y la justicia social como los derechos más universales de todos los seres humanos. Este significado ampliado del concepto de derechos humanos, que ha sido adoptado por la gran mayoría de los pueblos de todo el mundo, se basó e inspiró en los logros prácticos de las sociedades socialistas. Hoy en día la demanda más fundamental e irreversible de los pueblos de todo el mundo es garantizar estos derechos, una demanda que es incompatible con la esencia del sistema capitalista bajo el cual viven.

La Revolución de Octubre y el surgimiento de los sistemas socialistas en el mundo abrieron un nuevo capítulo en la historia de la sociedad humana, cuyo impacto total aún no se ha producido. A pesar de todas las dificultades a las que se enfrentan los actuales países socialistas debido a diversos factores objetivos y subjetivos, el socialismo ha demostrado más allá de toda duda su inevitabilidad, así como su superioridad sobre el sistema capitalista. La inevitabilidad del socialismo surge de la esencia interna y la naturaleza contradictoria del propio sistema capitalista, y ningún revés temporal, por desastroso que sea, puede refutar esta inevitabilidad.

## 2. Consecuencias globales del desmantelamiento del campo socialista

El retroceso histórico provocado por el desmantelamiento de los Estados Socialistas en la Unión Soviética y otros países de Europa del Este fue un desastre no solo para las y los comunistas, la clase obrera y los pueblos de estos países, sino para la humanidad. Como resultado, los logros de la nueva civilización humana durante los últimos ochenta años, y los frutos del trabajo abnegado y los sacrificios de varias generaciones de trabajadores en los países socialistas para construir y defender su nuevo tipo de sociedad, fueron pisoteados por los enemigos de clase de la clase obrera.

Las trabajadoras y trabajadores de estos países, tras décadas de abnegación, esperaban mejoras en su nivel de vida y en la calidad de su vida económica, política y social, e intentaban sinceramente corregir deficiencias en el orden socialista en sus países. De repente, se enfrentaron a una marea creciente de pobreza, hambre, inflación, desempleo, falta de vivienda, prostitución, corrupción, crimen organizado, conflictos nacionales, guerras civiles, división de sus patrias, golpes políticos y militares y, lo peor de todo, el dominio de los gobiernos imperialistas y sus instituciones internacionales sobre toda la vida económica, política, social y militar de su sociedad.

Las verdaderas dimensiones de este desastre se han hecho evidentes para todas y todos, incluyendo las trabajadoras y trabajadores de los antiguos países socialistas. Ahora ha quedado claro, como lo demuestra la creciente fuerza de las y los comunistas en estos países, que este revés no era algo que las millones de trabajadoras y trabajadores de los países socialistas deseaban. Más bien, fue el resultado de la interacción entre una serie de factores objetivos y subjetivos, entre los cuales se encuentran los errores y desviaciones que se produjeron en el curso de la construcción del socialismo; los constantes complots, intervenciones y sabotajes que llevaron a cabo los Estados imperialistas contra los países socialistas; y, en última instancia, la traición al socialismo por parte de una serie de dirigentes y funcionarios del Partido y del gobierno de los Estados Socialistas. Es evidente que se necesita una evaluación exhaustiva y científica del papel de estos factores para superar los actuales reveses.

## «Nuevo orden mundial»

Las consecuencias del actual retroceso van mucho más allá de las fronteras de los antiguos países socialistas. El desmantelamiento de los Estados Socialistas en la Unión Soviética y otros países de Europa del Este ha cambiado temporalmente el equilibrio de fuerzas de clase, tanto a nivel mundial como en cada país, a favor de las clases y fuerzas reaccionarias proimperialistas, y en contra de las clases explotadas y oprimidas y los movimientos democráticos y patrióticos. Lo que hoy se impone a los pueblos del mundo por el imperialismo, y especialmente por el imperialismo estadounidense como el «nuevo orden mundial», no es más que una manifestación abierta de este desplazamiento negativo de la relación de fuerzas sociales y de clase a escala mundial.

Las características básicas de este «nuevo orden mundial» son: un aumento universal del nivel de agresión militar, política y económica y de la intervención de los Estados imperialistas en los asuntos internos de otros países; una mayor libertad para los monopolios transnacionales en el saqueo incontrolado de los pueblos desprovistos de recursos del «tercer mundo»; una creciente transformación de organismos internacionales como el Consejo de Seguridad de la ONU en instrumentos serviles de la opresión y explotación imperialistas en todo el mundo; un uso más abierto y desafiante de la fuerza en las relaciones internacionales por parte de los Estados imperialistas: tanto militarmente, en forma de invasión y ocupación de otros países; como económicamente, en forma de imposición de sanciones económicas y embargos comerciales; intensificación y, en muchos casos, instigación consciente de conflictos y enfrentamientos nacionales, étnicos y religiosos en todo el mundo con el fin de dividir y desmembrar países de importancia estratégica y económica e imponer sobre ellos una dominación imperialista sin límites, tal y como se vio claramente en el desmembramiento de Yugoslavia. En resumen, la violación de la independencia política, la soberanía nacional y la integridad territorial de todos los países, especialmente los del «tercer mundo», con el único objetivo de asegurar la dominación absoluta de las empresas transnacionales y los Estados imperialistas sobre ellos. Esta es la principal característica del «nuevo orden mundial» que ha surgido.

Con el desmantelamiento del bloque socialista, y especialmente de la Unión Soviética, los pueblos trabajadores y oprimidos del «tercer mundo» perdieron su más firme apoyo internacional en sus luchas contra el imperialismo.

Los gobiernos de muchos de estos países, que anteriormente habían logrado un relativo grado de «no alineamiento» e independencia del mundo occidental con la ayuda de la Unión Soviética y otros países socialistas, ahora se ven aplastados bajo intensas y unilaterales presiones del imperialismo, concediendo cada vez más concesiones a los Estados imperialistas y a las empresas transnacionales.

Los movimientos de liberación nacional de varios países, al haber perdido un importante aliado, ahora se ven cada vez más obligados o a retirarse de sus originales objetivos nacionales y antiimperialistas o enfrentar a los ataques militares directos de los Estados imperialistas.

Las Naciones Unidas, que hasta hace poco constituían una plataforma donde los países del «tercer mundo» podían expresar sus demandas y ejercer una presión colectiva sobre el imperialismo y, hasta cierto punto, aislar a los Estados imperialistas con la ayuda del poder de veto de la Unión Soviética en el Consejo de Seguridad, ahora están siendo presionadas cada vez más por las potencias imperialistas para que actúen contra los países del «tercer mundo» y las naciones oprimidas, los movimientos de liberación nacional y las fuerzas revolucionarias de todo el mundo.

La pérdida del campo socialista, que proporcionaba apoyo económico a los países que trataban de romper con el ciclo internacional del capital, ha limitado gravemente las opciones de muchas naciones del «tercer mundo» a la hora de adoptar modelos socioeconómicos para su desarrollo libres del yugo del capital internacional. La dominación y el control global y absoluto de los Estados imperialistas y de las corporaciones transnacionales sobre todas las fuentes de financiación y de capital de inversión, y su control monopolizado sobre el mercado mundial, les ha permitido utilizar su indiscutible poder económico para aislar, derrotar, y si es necesario aplastar directamente, cualquier intento de los países del «tercer mundo» para seguir una vía de desarrollo independiente y no capitalista.

En la actualidad los Estados imperialistas utilizan todos los medios a su alcance, especialmente sus políticas económicas «neoliberales», privatización, eliminación del sector público, imposición de políticas comerciales de puertas abiertas, supresión de toda forma de planificación gubernamental de la economía, eliminación de toda forma de subsidios estatales, compensaciones y protecciones sociales, etcétera, para abrir las economías de los países del «tercer mundo» y allanar el camino para una completa penetración del capital internacional y las empresas transnacionales. El objetivo de estas políticas, llevadas a cabo a la fuerza por instituciones imperialistas internacionales como el Banco Mundial y el FMI, es intensificar y acelerar el flujo de plusvalía hacia los centros capitalistas avanzados. Sin duda, el resultado lógico de esta política es el aumento del saqueo de los recursos naturales y humanos de estas naciones, el bloqueo del proceso de formación de capital en sus economías nacionales, la detención total e incluso la reversión del desarrollo económico, la caída drástica de su nivel de vida y, en general, un nivel cada vez mayor de pobreza, enfermedad, privación y falta de vivienda entre la gran mayoría de la población mundial.

Sin embargo, el cambio temporal de la correlación de fuerzas mundial a favor del imperialismo no significa la aparición de un mundo «unipolar» dominado por el «superimperialismo» como una fuerza unificada y coherente. Las contradicciones objetivas e internas del sistema capitalista en su etapa imperialista no fueron ni un resultado de la aparición de los Estados Socialistas en la escena mundial, ni han desaparecido como resultado del desmantelamiento de algunos de ellos. Por el contrario, todos los indicios apuntan a que estas contradicciones se han intensificado y han adquirido nuevas y más amplias dimensiones. Los Estados imperialistas, especialmente el imperialismo estadounidense, han impuesto tremendos sacrificios y sufrimientos a sus propios pueblos en su larga búsqueda para destruir el socialismo en el mundo. Los niveles sin precedentes de pobreza, enfermedad, hambre, desnutrición, desempleo, inflación y deterioro en el nivel de vida del pueblo en muchos países capitalistas-avanzados son el resultado directo del despilfarro de una gran parte de sus recursos materiales y humanos para los fines de la confrontación militar, la carrera armamentista nuclear, la propaganda de la Guerra Fría y el espionaje y sabotaje contra los países socialistas, las luchas de liberación nacional y los movimientos comunistas y obreros en todo el mundo. Las quiebras económicas y los déficits presupuestarios astrológicos provocados por estas políticas, junto con la intensificación de las contradicciones de clase durante las últimas décadas, han profundizado las crisis económicas y sociales en estos países imperialistas. Para aliviar estas crisis, las economías imperialistas necesitarán niveles astronómicos de acumulación y concentración de capital. Y esto ocurre en el momento en que las potencias imperialistas deben hacer frente a una carga financiera mucho mayor en sus esfuerzos por mantener gobiernos procapitalistas y prooccidentales en las antiguas sociedades socialistas.

Por otra parte, el desmantelamiento del bloque socialista no solo ha eliminado un factor unificador entre los Estados imperialistas rivales, sino que ha impulsado la rivalidad interimperialista para ver quién se queda con la mayor parte del «botín» del periodo pos-Guerra Fría. Los objetivos como la expansión de sus propias «áreas de influencia», la exportación de sus crisis económicas a otros países, la prevención de los esfuerzos de otros bloques por controlar los recursos naturales y humanos, y los mercados internos, de las naciones más débiles, y la instalación de regímenes títeres que sirvan a una potencia imperialista a expensas de sus rivales, han ocupado ahora un lugar más destacado en la agenda de todos y cada uno de los Estados imperialistas. La aparición de tres grandes bloques imperialistas encabezados por los Estados Unidos (TLCAN), Alemania (Maastricht) y Japón (en el sudeste asiático), y la creciente competencia entre estos tres bloques por ampliar sus áreas de influencia en el mundo mediante la instigación de conflictos y guerras civiles, nacionales y regionales, es una prueba vívida del aumento de las rivalidades interimperialistas.

Teniendo en cuenta los problemas a los que se enfrentan hoy los países imperialistas, la intensificación de las contradicciones de clase y los conflictos sociales, la profundización de las crisis económicas y financieras y el aumento de las rivalidades interimperialistas cabe esperar que, desde una perspectiva histórica, el actual cambio negativo en la correlación de fuerzas mundial a favor del imperialismo sea solo temporal y transitorio. La contradicción global entre trabajo y capital; la contradicción entre un puñado de Estados imperialistas y el resto de la humanidad; la brecha cada vez mayor entre la riqueza y la pobreza en el mundo, que se manifiesta cada vez más en la brecha entre la sobreproducción de los monopolios transnacionales, por un lado, y la falta de poder adquisitivo de estos mismos productos entre la gran mayoría de la población mundial, por otro; la bancarrota económica de una gran mayoría de los países del «tercer mundo» y su incapacidad para pagar sus pesadas deudas internacionales, todo estos factores están causando cada vez más problemas a los sistemas financieros y bancarios de los países imperialistas. La pérdida de credibilidad y la creciente bancarrota económica y política de las políticas «socialdemócratas» destinadas a «resolver» los problemas y contradicciones del sistema capitalista desde dentro del propio sistema ha llevado a un continuo desplazamiento de las fuerzas socialdemócratas hacia la derecha, al ascenso al poder de varios partidos burgueses de la derecha, la revocación de la mayoría de los planes de protección social y al aumento de la brecha entre ricos y pobres en todos los países capitalistas avanzados.

La desastrosa condición económica y el pobre nivel de vida de la gran mayoría de la población de los antiguos países socialistas y su creciente conciencia de la naturaleza antihumana y explotadora del sistema capitalista se manifiestan cada vez más en la elección de comunistas e incluso de actuales partidarios del socialismo al poder. Por último, la intensificación de la crisis medioambiental que ha llevado al sistema capitalista despilfarrador y contaminante a un virtual callejón sin salida, todo apunta al carácter transitorio de la situación actual y a la inevitabilidad de la reaparición de un poderoso polo anticapitalista y antiimperialista, aunque en una nueva forma, a escala mundial.

Consciente del carácter transitorio y temporal de la actual correlación de fuerzas en el mundo, el imperialismo está haciendo todo lo posible para aprovechar esta breve oportunidad histórica para reforzar sus posiciones y eliminar a todo gobierno o fuerza que se oponga de alguna manera a la rápida implantación de su «nuevo orden mundial». Esta política se lleva a cabo globalmente en tres niveles diferentes: debilitando y/o derrocando a los Estados Socialistas que quedan en el mundo (China, Cuba, Vietnam, Corea del Norte, Laos...); «resolviendo» rápidamente los conflictos y problemas internacionales a los que se enfrenta el imperialismo mediante la imposición de acuerdos desiguales y desequilibrados a los movimientos sociales y nacionales que se han debilitado como consecuencia del desmantelamiento del campo socialista (como en Palestina, Sudáfrica, Irlanda, etcétera.); y reprimiendo, invadiendo, repartiendo o debilitando a los gobiernos y países que, por cualquier razón o propósito, se niegan a someterse al «nuevo orden mundial» del imperialismo.

Las operaciones militares que se están llevando a cabo hoy en día en todo el mundo bajo el disfraz de instituciones internacionales como las Naciones Unidas y en nombre de la «ayuda humanitaria», la «defensa de la paz mundial», la «salvaguarda de los derechos humanos» y la «defensa de la democracia», son parte integral de la estrategia general de las potencias imperialistas para consolidar su dominio absoluto sobre el mundo antes de que se supere esta corta etapa de transición.

## 3. La necesidad de una evaluación correcta de los errores del pasado

La velocidad de la destrucción de los Estados Socialistas y las dimensiones del desastre resultante fueron tan enormes que crearon una gran confusión no solo entre la clase obrera y el pueblo de los países socialistas, sino también en el movimiento comunista mundial. Inmediatamente se inició una apresurada búsqueda de la «causa principal» de este revés histórico. El imperialismo movilizó su maquinaria de propaganda para proclamar la «muerte del comunismo», el «fin del socialismo» y la «victoria final del capitalismo». La intensificación de la propaganda imperialista, combinada con los ataques calumniosos lanzados desde el interior del movimiento comunista por Gorbachov y sus secuaces contra el socialismo, el marxismo-leninismo, la historia del PCUS y el movimiento comunista mundial, preparó el terreno para todo tipo de «críticas teóricas» incorrectas al socialismo y al ideal del comunismo. La acusación, la falsificación y la calumnia sustituyeron al análisis científico responsable. Comenzó un ataque ideológico general contra el socialismo y sus logros.

Los enemigos de la clase obrera intentaron presentar estos contratiempos como «evidencia» de la inutilidad e impracticabilidad del socialismo y como confirmación de su afirmación de que cuando haya una ausencia del motivo de ganancia y del mercado capitalista ningún progreso social será posible. Los socialdemócratas gorbachovistas y no-gorbachovistas utilizaron este revés como plataforma para renovar los ataques al marxismo-leninismo en general y a las teorías de Lenin sobre el imperialismo en particular. Intentaron separar a Marx de Lenin y demostrar que el leninismo constituía una desviación filosófica y teórica del marxismo, y no una adaptación y elaboración de esta teoría y filosofía para la época del imperialismo, como se cree comúnmente. Según ellos, la crisis del socialismo no había comenzado con Stalin, como afirmaban algunos, sino con el leninismo y el propio Lenin. Otros, de los que se puede decir que están bajo la influencia de la ideología liberal-burguesa, afirmaban que el anhelo de la gente por una democracia burguesa al estilo occidental era la principal causa de la crisis en los países socialistas: es decir, la incapacidad del pueblo para «votar» y «elegir directamente» a sus dirigentes. En esta opinión, tal crisis no habría surgido si el pueblo tuviera la posibilidad de participar en una democracia burguesa parlamentaria.

La importancia de este retroceso histórico, combinada con el aluvión de propaganda anticomunista del imperialismo y la difusión de esos «análisis» superficiales, tuvo sus efectos también en las y los comunistas y condujo al desarrollo de graves desacuerdos teóricos y no-teóricos dentro del propio movimiento comunista. Desilusionados por el retroceso, algunos decidieron abandonar la lucha. Otros, incluso algunos Partidos Comunistas y Obreros, cambiaron de rumbo rechazando el marxismo-leninismo y la lucha de clases, y uniéndose a las filas de los partidos socialdemócratas y reformistas. En respuesta a este cambio de rumbo algunos dirigentes y miembros de estos partidos, que no creían en tales cambios de orientación de su Partido, se reunieron y formaron su propio partido marxista-leninista.

Los partidos que insistieron en mantener su rumbo marxista-leninista tampoco fueron inmunes a estos conflictos. En muchos de ellos, algunos dirigentes intentaron separarse de la historia pasada del socialismo y de la política del movimiento comunista. Centraron sus críticas en los Partidos Comunistas de los antiguos países socialistas y, en particular, en el PCUS y su dirección. Dentro de esta tendencia, algunos se volvieron oportunistas contra la dirección de su propio Partido, acusándola de ser «cómplice» de los «crímenes estalinistas». Este enfoque, que se adoptó principalmente con el fin de exonerarse a sí mismo y culpar a otros de los errores del pasado, sustituyó así el principio leninista de «autocrítica» por el método oportunista de «criticar a los demás». En muchos casos, este enfoque terminó en la calumnia personal de las y los líderes del Partido, en actividades facciosas y, finalmente, en la escisión de estos Partidos.

En el extremo opuesto, tales ataques ideológicos y métodos poco científicos llevaron a algunos comunistas a plantear una defensa incondicional de todo lo que existía en el pasado, equiparando la defensa de principios del marxismo-leninismo con la justificación de los errores del pasado, culpando del retroceso únicamente a factores externos e intrigas imperialistas. De este modo, la línea de demarcación entre las cuestiones ideológico-científicas y la actuación pasada de los países socialistas actuales se difuminó y el análisis científico dio paso a los argumentos polémicos.

Las secuelas de esta anarquía teórica, la desilusión, la confusión y la desunión son evidentes, aunque desde hace algún tiempo muchas de estas cuestiones se han aclarado.

Hoy, muchos de los Partidos Comunistas han resuelto estas cuestiones y han restablecido su firme compromiso con el marxismo-leninismo. Sin embargo, para que el movimiento comunista y obrero recupere su fuerza de antaño y retome su posición de liderazgo en las luchas por superar la situación actual, debe ser capaz de elaborar un análisis completo y convincente de las causas y factores que han sido responsables de este retroceso histórico. Muchos Partidos han respondido a esta necesidad histórica dando pasos muy importantes y valiosos en la dirección de elaborar tal análisis.

Las y los comunistas son plenamente conscientes de que la realización de un análisis exhaustivo de las causas del actual retroceso es una tarea que solo puede llevarse a cabo mediante un esfuerzo colectivo de todos los Partidos Comunistas y obreros del mundo, especialmente en colaboración con los Partidos Comunistas y obreros que participaron directamente en el proceso de construcción del socialismo. Se trata de un proyecto a largo plazo que no puede dejarse en manos de unos pocos individuos o Partidos, ni limitarse a calendarios preestablecidos.

Por esta razón, este libro es un intento de arrojar algo de luz sobre algunos aspectos de este proceso histórico tan complejo. El elemento más importante de este intento ha sido la estricta adhesión al método científico, sin perder de vista el partidismo obrero. Este principio es una base necesaria para una evaluación objetiva y científica del pasado histórico del socialismo.

# Primera parte

# Algunas consideraciones metodológicas y teóricas

## 1. La cuestión de los métodos

Cualquier evaluación del pasado del socialismo debe llevarse a cabo con honestidad científica para ser responsable. Esto significa que una evaluación de este tipo debe, antes que nada, definir y declarar claramente sus premisas y supuestos, y exponer abiertamente sus sesgos. Solo sobre la base de sus premisas y supuestos declarados puede juzgarse científicamente dicha evaluación. De lo contrario, la discusión sobre el pasado del socialismo puede convertirse fácilmente en una polémica vacía y en una retórica subjetiva.

Por eso es necesario seguir el método dialéctico de Marx estrictamente en el estudio de la historia y la sociedad humana, cuyos principios más importantes se especifican en la «Introducción» a *A Contribution to the Critique of Political Economy [Una contribución a la crítica de la economía política]*. Dos de estos principios constituyen el fundamento de cualquier estudio científico de la historia y la sociedad humana.

El primer principio, tal como lo subraya Marx, es que en cualquier estudio científico,

> … también en el método teórico es necesario que el sujeto, la sociedad, esté siempre presente en la representación como premisa.[1]

Marx quiere decir que, al estudiar un fenómeno social, uno debe, antes que nada, ser plenamente consciente de la naturaleza de la época y la sociedad en las que vive y, por tanto, de la naturaleza de los sesgos que la época y la sociedad concreta hayan grabado en su mente y su razonamiento. Además, uno debe reconocer su propia posición ideológica y de clase dentro de la sociedad y aclarar la posición de clase desde la que estudia los fenómenos.

En opinión de Marx, nuestra comprensión de los fenómenos sociales es científica cuando se basa en la cosmovisión de la clase más progresista de nuestra época, es decir, la clase obrera, y su organización política más avanzada. Tal cosmovisión nos permitirá comprender mejor la esencia de nuestra época y la naturaleza de la etapa histórica en la que vivimos en su totalidad, y determinar el papel y el lugar de todos y cada uno de los fenómenos dentro de esta totalidad. Lo que resulta de este proceso es un conjunto unificado de conceptos científicos que nos guían en nuestra comprensión científica de la realidad existente. Los conceptos desarrollados sobre la base de la cosmovisión materialista dialéctica e histórica y las luchas del proletariado durante los últimos 150 años son ejemplos de tales eficaces herramientas teóricas y científicas. Es cierto, por supuesto, que estos conceptos también necesitan ser revisados, afinados y elaborados a la luz de los recientes acontecimientos.

---

[1] Karl Marx, *A Contribution to the Critique of Political Economy*, International Publishers, Nueva York, 1970, p. 207. En adelante, toda citación y fragmento ha sido extraído de la traducción oficial o, en su defecto, traducido por PD.

Pero también está claro que esa tarea solo puede realizarse en el marco de la cosmovisión científica de la clase obrera como la clase más progresista de nuestro tiempo con el objetivo de hacer avanzar los intereses históricos de ella en su conjunto.

La importancia de este principio radica en el hecho de que para que una evaluación del historial del socialismo sea científica, no puede basarse en el intelectualismo democrático-burgués. Tampoco puede basarse en el sensacionalismo y el romanticismo pequeño-burgués o en el idealismo perfeccionista. Por el contrario, dicha evaluación debe partir de la perspectiva clasista-materialista de la clase obrera internacional y de sus partidos políticos dirigentes. Sin embargo, la adopción de esta perspectiva no puede hacerse mediante un mero «estudio» de los puntos de vista y las posiciones del proletariado, sino mediante el rechazo objetivo y práctico de todas las perspectivas no obreristas y la aplicación continua del principio de autocrítica en el curso de la participación activa en las luchas de la clase obrera a escala mundial. Sin una vinculación directa con la práctica de la lucha de clases, cualquier evaluación de los procesos internos del socialismo se reduce a un mero ejercicio intelectual dentro de los límites establecidos por la cosmovisión burguesa dominante.

Por lo tanto, la participación directa en la lucha de clases del proletariado y la corrección constante y crítica de su trayectoria en el curso de la lucha es el único método correcto para una evaluación científica del pasado y una resolución exitosa de la crisis actual. Abordar los problemas del pasado del socialismo desde cualquier otro punto de vista se vería ciertamente empañado por los prejuicios subjetivos de la sociedad burguesa y, por lo tanto, nos privaría de cualquier evaluación objetiva de la realidad.

El segundo principio metodológico expuesto por Marx es el reconocimiento del hecho de que:

> ... incluso las categorías más abstractas, a pesar de su validez -precisamente debida a su naturaleza abstracta- para todas las épocas, son no obstante, en lo que hay de determinado en esta abstracción, el producto de condiciones históricas y poseen plena validez solo para estas condiciones y dentro de sus límites.[2]

Esto significa que los fenómenos sociales o naturales no pueden ser tratados como un conjunto estático e independiente de cualidades fijas, sino como momentos dinámicos en la totalidad de las relaciones sociales y naturales en el curso de su desarrollo histórico; y por esta razón, su esencia y cualidades cambian y adquieren un nuevo significado en relación directa con las contradicciones de cada etapa histórica. Por lo tanto, ningún fenómeno puede ser analizado científicamente de forma aislada de su base ontológica y de las circunstancias y contradicciones históricas que le han dado origen. Por el contrario, el método científico de Marx exige que todos los fenómenos sociales (incluso los modelos actuales de socialismo, democracia, Partido, «estalinismo», etcétera.) sean analizados en el marco y en relación directa con las contradicciones de la etapa histórica concreta que constituye su fundamento lógico.

Así, para lograr una evaluación científica de un fenómeno hay que partir, no de una recopilación de «evidentes» verdades locales y parciales, sino de una comprensión general de las contradicciones más universales de la realidad objetiva que rodea al fenómeno. En otras palabras, un estudio de este tipo partiría de los aspectos más generales (más objetivos y complejos) de la realidad, para luego ir reduciendo progresivamente su enfoque hacia elementos más particulares. La consideración crítica en este proceso es que, en cada nivel el impacto de los fenómenos más generales sobre los más particulares deben ser cuidadosamente analizado e integrado en el análisis, de modo que cada fenóme-

---

[2] *Ibídem*, p. 210.

no particular sea analizado como parte integrante de la base dialéctica y no como un caso aislado e individual. Por ejemplo, desde un punto de vista científico, no se puede comenzar la crítica de los modelos de socialismo del pasado con una crítica de un fenómeno como el «estalinismo». Esto se debe a que una comprensión correcta de un fenómeno como el «estalinismo» requiere una comprensión de los procesos internos del Partido; esto, a su vez, requiere una comprensión de la relación entre el Partido y la clase obrera; esto último requiere una comprensión de las estructuras internas de la formación socialista en cada etapa; esto, a su vez, requiere una comprensión de las contradicciones sociales e históricas existentes en el sistema que, a su vez, requiere una comprensión de las contradicciones más generales a escala mundial. Así, la metodología marxista dicta que este proceso se lleve a cabo en el orden inverso.

Estos principios constituyen la diferencia esencial entre un enfoque dialéctico y dinámico, y uno estático y abstracto. Una investigación científica del tipo que se ha colocado en la agenda del movimiento comunista hoy en día debe basarse inevitablemente en estos principios metodológicos.

## 2. Fundamentos teóricos de una crítica científica del socialismo existente

Hoy en día se ha puesto de moda en varios círculos que toda crítica al pasado del socialismo comience con la premisa de la «invalidez de las teorías del pasado». Por desgracia, este fenómeno se manifiesta no solo en la literatura anti y no-comunista, sino también entre algunos pensadores marxistas.

Las generalizaciones sobre la «invalidez de las teorías del pasado», es decir, del marxismo-leninismo, no tienen ninguna base científica: no está claro de qué manera las «teorías del pasado» han perdido su validez o dónde se encuentran los signos de tal pérdida de validez. Si la afirmación se basa en el surgimiento de la crisis en los países socialistas, entonces la tarea sería investigar las raíces históricas de la crisis, distinguir entre los factores subjetivos y objetivos responsables de su surgimiento, y luego, aislar y revisar aquellos elementos entre los factores subjetivos que tienen una base teórica. Ninguna de estas tareas se han llevado a cabo hasta ahora de forma sistemática, por lo que las afirmaciones sobre las raíces teóricas de la crisis actual son prematuras y carecen de apoyo científico.

En segundo lugar, incluso si se supone que se ha llevado a cabo dicha tarea, los resultados deberían mostrar cuáles partes y aspectos de las «teorías del pasado» -qué supuestos, argumentos, conclusiones y, lo que es más importante, teorías relativas a qué aspectos de la realidad objetiva- han sido incorrectos y, por tanto, inválidos. ¿Es inválida la teoría de la plusvalía de Marx? ¿Son incorrectos los análisis de las contradicciones del sistema capitalista? ¿Es la teoría del imperialismo de Lenin incompatible con la realidad? ¿Es defectuosa la teoría del partido de vanguardia del proletariado? ¿Son erróneas las teorías sobre el camino de la construcción socialista?

Está claro que las amplias generalizaciones sobre la «invalidez de las teorías del pasado» equivalen a una negación de todas estas y cientos de otras teorías que constituyen los componentes de la cosmovisión marxista-leninista. Tales generalizaciones, que ignoran por completo la diversidad y la complejidad de las «teorías del pasado» del marxismo-leninismo, no pueden considerarse en modo alguno como afirmaciones científicas.

El análisis clasista de las etapas de desarrollo de la sociedad humana hacia el socialismo y el comunismo; el descubrimiento del «trabajo» humano como elemento central y determinante en la conformación del curso del desarrollo de la sociedad humana; la formación de los conceptos de «explotación» y «plusvalía» como herramientas científicas para entender el modo de producción capitalista; la identificación del proletariado como el «cavador de tumbas» del sistema capitalista y la fuerza motriz de la revolución socialista; y docenas más de otras ideas y teorías complejas no han sido simplemente creaciones subjetivas de mentes aisladas. Tampoco pueden descartarse tan libremente sin tener en cuenta su relación orgánica con la realidad objetiva. Estos conceptos y teorías sobre los sistemas sociales actuales que constituyen los fundamentos del socialismo científico han sido desarrollados mediante una aplicación dialéctica de la metodología científica al estudio de la sociedad humana, y solo pueden ser rechazados mediante el uso de la misma metodología científica.

En tercer lugar, los principios del pensamiento dialéctico enseñan que ningún fenómeno aparece o muere por sí mismo. Esto es especialmente cierto en el proceso de producción científica. La historia de la ciencia ha demostrado una y otra vez que las «teorías pasadas» han sido rechazadas, siempre y sin excepción, solo después de la aparición y avance de nuevas teorías. Ninguna teoría científica ha perdido su validez jamás sin ser rechazada por otra más nueva y científica. La pérdida de validez de una teoría puede demostrarse por su incapacidad para explicar los fenómenos existentes o los recién surgidos. Por la misma razón, la pérdida de validez del marxismo-leninismo, como cuerpo de teorías científicas puede demostrarse cuando se ha demostrado su incapacidad para explicar los nuevos fenómenos. Hasta ahora, nadie ha sido capaz de proporcionar tal prueba, y por lo tanto afirmar que el marxismo-leninismo ha sido refutado en la ausencia de una teoría más nueva por primera vez en toda la historia de la ciencia es contradictoria con toda la historia de la práctica científica.

No cabe duda de que tales afirmaciones sobre la «invalidez del marxismo-leninismo» se basan exclusivamente en los desarrollos negativos de los países socialistas durante la última década. El desmantelamiento de los Estados Socialistas en la Unión Soviética y otros países de Europa del Este, las manifestaciones y protestas masivas del pueblo contra las deficiencias y los problemas económicos y el resurgimiento de la economía de mercado capitalista en estos países se presentan como la «evidencia» de la «invalidez del marxismo-leninismo». En otras palabras, la mera observación de una serie de acontecimientos históricos específicos en un período de tiempo concreto y en un número determinado de países se utiliza como justificación de esas amplias generalizaciones teóricas. Peor aún, estas generalizaciones no se detienen en el nivel de las hipótesis y la teoría, sino que se extienden al ámbito de la filosofía y la ideología sin tener en cuenta el contexto lógico e histórico en el que han surgido estos fenómenos. Tal método de deducción no solo es inaceptable en cualquier campo de la ciencia hoy en día, sino que fue demostrado como no-científico tanto por Marx como por Engels hace más de un siglo.

Quienes declaran la «invalidez del marxismo-leninismo» sin presentar una teoría más nueva y científica, solo sirven, consciente o inconscientemente, a un propósito: revivir las viejas teorías premarxistas y justificar el antiguo orden que se basa en ellas. En las condiciones actuales la única guía y brújula para las y los comunistas en sus esfuerzos por superar los problemas del pasado y trazar un nuevo rumbo para el socialismo es el marxismo-leninismo como la ciencia más revolucionaria de hoy en día. Sin esta teoría científica cualquier evaluación de los acontecimientos pasados pierde su base de clase y, por tanto, su objetividad, y está destinada a terminar en el abismo del oportunismo.

Es cierto que los recientes acontecimientos en ciertos países socialistas han hecho necesaria una reevaluación de algunos de los conceptos y prácticas del pasado. Pero esto no implica en absoluto la «invalidez» del marxismo-leninismo como visión del mundo, como ideología y como perspectiva científica. La lucha de clases, como realidad objetiva y parte integrante del proceso dialéctico de la historia, continúa independientemente de nuestro estado de ánimo subjetivo, y continuará hasta el establecimiento de una sociedad comunista. En esta lucha, el marxismo-leninismo, como la cosmovisión más progresista y más científica, constituye el medio más eficaz para la corrección de los errores del pasado y para la liberación de la humanidad de la explotación y la opresión.

Los fundamentos teóricos de la construcción socialista pueden requerir algunos cambios. Pero estos cambios son necesarios solo en el sentido de su ampliación y perfeccionamiento a la luz de las nuevas experiencias y condiciones. No debemos olvidar que a finales del siglo pasado, Lenin se enfrentó a una tarea similar. Logró allanar el futuro camino del movimiento no a través de la declaración de la «invalidez» de los conceptos teóricos de Marx y Engels, sino construyendo sobre sus teorías y refinando y ampliando sus conceptos para que se correspondieran más precisamente con las realidades de la lucha de clases en la era del imperialismo. Tal es la tarea que la historia ha puesto una vez más ante las y los comunistas.

## 3. Sobre la cuestión de modelos

Nos enfrentamos a generalizaciones abstractas similares con respecto a la cuestión de los modelos de desarrollo socialista. Muchos pensadores marxistas, a la vez de defender al marxismo-leninismo y las teorías del socialismo científico, buscan las causas de los actuales reveses en el «fracaso del *modelo* de socialismo de 80 años». Tal planteamiento, en nuestra opinión, también adolece de graves problemas que deben ser analizados.

La afirmación, antes que nada, supone la existencia de un

único modelo general de socialismo no solo en diferentes países del mundo, sino también dentro de un mismo país como la Unión Soviética. Esta suposición, sin embargo, puede demostrarse incorrecta tanto teórica como históricamente. Pero la mayor incoherencia de esta línea de razonamiento, incluso cuando se aplica a un solo país como la Unión Soviética, reside en el hecho de que contrapone la «teoría del socialismo» a su «modelo» en la realidad.

Desde un punto de vista teórico, cuando hablamos del éxito o el fracaso de un modelo socioeconómico, debemos determinar primero cuáles premisas teóricas constituyen la base de este modelo, en cuál contexto histórico ha surgido el modelo, cuáles contradicciones y necesidades históricas lo han originado, y cuáles objetivos históricos y sociales ha pretendido alcanzar. Está claro que el éxito o el fracaso de cualquier modelo solo puede ser juzgado con referencia a sus objetivos y a las condiciones objetivas que ha tratado de alcanzar.

Lo que complica la cuestión es la existencia de factores externos y su impacto sobre el éxito o el fracaso de un modelo socioeconómico. Ningún modelo socioeconómico surge y se desarrolla en el vacío. Tanto las contradicciones existentes a escala mundial como las contradicciones sociohistóricas pasadas y presentes dentro de la propia sociedad, juegan un papel en el éxito o el fracaso de cualquier modelo en cada etapa de su desarrollo.

A todo ello hay que añadir otro factor determinante: la actuación del Partido de vanguardia al que se le encomienda la responsabilidad histórica de implantar y adelantar ese modelo en la sociedad. Esto, a su vez, depende por un lado del nivel de comprensión, experiencia y grado de adhesión de la vanguardia a las premisas teóricas y científicas del modelo, y por otro de su capacidad para adaptar los requisitos generales del modelo a las específicas condiciones objetivas y subjetivas que prevalecen en la sociedad en cada etapa de su desarrollo.

Teniendo en cuenta todos estos factores, queda bastante claro que la determinación del éxito o el fracaso de un modelo, si se quiere hacer de forma responsable, no puede basarse en generalizaciones abstractas. Al contrario, requiere una investigación y una comprensión lo más profunda posible de las características históricas, sociales, económicas, políticas e incluso culturales de la sociedad en la que se ha implantado el modelo.

Para probar el fracaso de un modelo, por tanto, hay que ser capaz de demostrar que la incapacidad del modelo para alcanzar su objetivo no ha sido ni el resultado del impacto de factores externos, ni de la invalidez de sus premisas teóricas, ni de los errores cometidos por la vanguardia social, sino de las contradicciones estructurales insuperables dentro del propio modelo. En otras palabras, hay que demostrar que el modelo en cuestión ha fracasado, y habría fracasado necesariamente debido a sus propias contradicciones internas, independientemente del impacto de todos los demás factores externos. Solo entonces se puede hablar del fracaso del modelo y buscar uno «mejor».

Tal determinación, por lo que sabemos, no se ha tomado con respecto al «modelo de socialismo de 80 años». Ni siquiera se han dado los primeros pasos en esta dirección por parte del movimiento comunista mundial. La única base para tal afirmación en este momento parece ser la desilusión general que ha crecido como resultado del actual retroceso histórico en algunos países socialistas. Pero, en la ausencia de una cosmovisión, una teoría y un modelo más científicos, y dado el hecho de que no se puede avanzar en una lucha de clases sin una teoría revolucionaria y un modelo socioeconómico que la guíen, una afirmación prematura del «fracaso del modelo del socialismo de 80 años» equivale a pedir a la clase obrera que renuncie a su lucha por el socialismo hasta el momento en que se haya «descubierto» una visión del mundo y un modelo socioeconómico «mejor» y «más científico».

Hay otra consecuencia importante y alarmante que se deriva de esta línea de razonamiento. Cuando hablamos de la «*teoría* del socialismo», en realidad estamos hablando de algo que pertenece a ciertos aspectos de la *realidad objetiva*. Ninguna teoría puede definirse como una mera conceptualización de un *ideal*. Así, el socialismo fue transformado de un *ideal* utópico en una *teoría* científica por Marx y Engels exactamente cuándo demostraron la posibilidad y la inevitabilidad de su existencia *en la realidad* mediante el descubrimiento de las leyes del movimiento del materialismo histórico y de la lucha de clases. Fue así como el socialismo se transformó de «utópico» en «científico».

Además, en un segundo paso en 1917, este «ideal» del socialismo se transformó de nuevo, esta vez del ámbito de la *teoría científica* de una posibilidad a la *realidad efectiva*. La Revolución de Octubre y la creación del primer Estado Socialista transformaron el socialismo en una realidad que no solo ha afectado la vida de millones de personas en todo el mundo, sino también ha dejado sus marcas irreversibles de logros en la totalidad de la historia humana moderna, la historia objetiva de la humanidad. El hecho de que el socialismo, a pesar de todas sus deficiencias, haya existido en los últimos 80 años, establece como mínimo una cierta correspondencia entre la teoría y la práctica del socialismo. Ahora bien, reducir la *realidad* que ha existido durante los últimos 80 años a una mera *teoría*, y no solo eso, sino argumentar que esta «teoría» ni siquiera ha producido la prueba material de su validez durante los últimos cien años, significa dar no uno, sino dos pasos atrás en la historia. Es, de hecho, una afirmación implícita de la invalidez de la propia *teoría* del socialismo.

Hoy, después de 80 años de historia real del socialismo, cualquier intento de separar su teoría de su práctica está condenado a negar las propias teorías en las que se ha basado el socialismo realmente existente. Equivale a decir que el socialismo nunca ha existido sino en forma de «ideal». Equivale a retroceder al socialismo «utópico». Es una forma de ceder a la derrota y, al mismo tiempo, aferrarse a una vaga esperanza de un futuro desconocido.

Todos hemos escuchado de muchas personas de buen corazón, incluyendo liberales y elementos de la propia clase burguesa, decir que «el socialismo es muy bonito en teoría, pero no es práctico en la realidad». Este último argumento va solo un paso lógico más allá de la tesis del «fracaso del modelo de socialismo de 80 años», un paso que las y los defensores de esta tesis tal vez nunca quieran dar, pero que muchos otros están ansiosos y dispuestos a dar por su propio sentimiento de derrota. Este es el máximo peligro que se esconde detrás de tal argumento.

Pero las y los enemigos de clase que abrazan con entusiasmo la tesis del «fracaso del modelo de socialismo de 80 años» no son utópicos. Al contrario, tienen muy clara la realidad existente y saben muy bien lo que quieren hacer con ella. A diferencia de los nuevos utopistas desilusionados, no pretenden *negar* la existencia del socialismo en el *pasado*, sino que quieren impedir que siga existiendo en el *futuro*. Quieren convencer a las trabajadoras y trabajadores de que el *socialismo sí ha existido en el pasado* y que su propia existencia en la realidad ha demostrado sus *inevitables* «defectos inherentes», defectos que lo hacen aún peor que el propio capitalismo y, por tanto, carente de un futuro. Zbignew Brzezinski es quien mejor ha descrito la esencia de la tesis de los «defectos inherentes del socialismo»:

El dilema fatal [léase: defecto] del comunismo en la Unión Soviética es que su éxito económico solo puede ser adquirido a costa de una inestabilidad política, mientras su estabilidad política solo pueda sostenerse a costa de un fracaso económico.[3]

---

[3] Gus Hall, *The Power of Ideology*, New Outlook Publishers, Nueva York, 1989, p. 27.

Si se hubiese tratado de una crítica *teórica*, sus defensores se habrían dedicado a demostrar que el socialismo, al igual que el capitalismo, tiene contradicciones sistémicas dentro de su infraestructura; que las relaciones de producción socialistas, por su propia naturaleza, inhiben el crecimiento y el desarrollo de las fuerzas productivas de la sociedad; que los principios básicos del modo de producción socialista: la propiedad pública sobre los medios de producción, la economía planificada, el internacionalismo y, sobre todo, el principio de «de cada uno según su capacidad, a cada uno según su contribución» son contradictorios e imposibles de aplicar. Se niegan a emprender tal esfuerzo no porque no estén interesados en tal prueba, sino porque saben muy bien que no podrán demostrar tales afirmaciones absurdas.

Está muy claro que aquí no se trata de un rechazo teórico, sino de un *ataque político-ideológico* al socialismo; un ataque que se dirige no solo a la destrucción del socialismo real existente, sino al socialismo como «teoría» e incluso como «ideal». Por esta misma razón, la tesis del «fracaso» no puede verse simplemente como un debate *teórico* sobre las debilidades del socialismo en el pasado, sino como una parte integrante del *ataque continuo al futuro del socialismo.*

Solo podemos ser exitosos en llevar a cabo la tarea histórica de defender el socialismo basándonos en el realismo objetivo y evitando el puritanismo y utopismo. La realidad es que «ninguna sociedad nueva... ha surgido y desarrollado de forma incruenta y libre de errores y crímenes»[4], y en este sentido, la historia de 80 años del socialismo no pudo ser ninguna excepción. La tarea, por tanto, no consiste en descartar el socialismo «defectuoso» del pasado y crear un nuevo socialismo «impecable» para el futuro, sino mejorar, desarrollar y garantizar el futuro del socialismo real y existente, *el único* socialismo, con

---

[4] Gus Hall, *Political Affairs*, agosto de 1992, p. 3.

todos sus logros y deficiencias, que ha existido en la historia de la humanidad desde 1917, y que sigue existiendo hoy. Como destacaron los propios fundadores del socialismo científico:

> Para nosotros, el comunismo no es un estado que debe implantarse, un ideal al que haya de sujetarse la realidad. Nosotros llamamos comunismo al movimiento real que anula y supera al estado de cosas actual. Las condiciones de este movimiento se desprenden de la premisa actualmente existente.[5]

## Enfoque histórico de los modelos socialistas

El principal defecto de la tesis del «fracaso del modelo de socialismo de 80 años» es su enfoque *no-histórico* de la cuestión de los «modelos» socioeconómicos en los países socialistas. Tal enfoque es una clara violación de los principios básicos de la metodología científica marxista. La realidad es que durante los 75 años de historia de la Unión Soviética no hubo un único «modelo» de socialismo, sino varios «modelos» sucesivos que se idearon en diversas etapas históricas en respuesta a la evolución tanto interna como internacional, y a la necesidad de alcanzar diferentes objetivos socioeconómicos. Tampoco podemos afirmar que tratamos modelos de «socialismo» tal y como se concibe en la teoría, sino más bien de diversos «modelos» de «transición al socialismo pleno», como constan la dirección nacional soviética y las diversas Constituciones del país. Eran «modelos» para la transición de una sociedad *particular*, con sus características históricas únicas, hacia la etapa del «socialismo avanzado».

Así, la primera respuesta que debe dar una tesis de este tipo es ¿a cuál «modelo de socialismo» se refiere? ¿Al modelo inicial del «comunismo de guerra»? ¿Al modelo de «industrialización

---

[5] Karl Marx y Frederic Engels, *The German Ideology*, International Publishers, Nueva York, pp. 356-7; Obras Completas de Marx y Engels, Toma 5, p. 49.

rápida» de Stalin? ¿Al modelo agrícola y de bienes de consumo de Jrushchov? ¿Al modelo de «socialismo maduro» de Brézhnev? ¿O al modelo de «socialismo democrático y humano» de Gorbachov? ¿Todos estos modelos han perseguido los mismos objetivos? ¿Han fracasado todos por igual en la consecución de sus objetivos? ¿Han violado todos por igual las premisas básicas de la teoría del socialismo? Y, por último, ¿han sido todos ellos igualmente responsables de la desaparición definitiva del orden socialista en la Unión Soviética? Se puede ver muy claramente cómo tales generalizaciones no-históricas pueden oscurecer las cuestiones fundamentales que tenemos ante nosotros en lugar de aclararlas, obstaculizando así el verdadero proceso de investigación científica de los problemas.

Por esta razón, hay que rechazar resueltamente tales enfoques no-históricos de la historia pasada del socialismo, e insistir en un enfoque verdaderamente histórico -como lo propuesto por Marx- que examine cada etapa del desarrollo de la sociedad socialista dentro de su contexto histórico apropiado y en referencia a sus objetivos designados. Solo así se puede determinar el grado de éxito o de fracaso de un modelo específico, su grado de adhesión a los principios básicos del socialismo y su contribución histórica al desarrollo cuantitativo y cualitativo de la sociedad socialista a largo plazo. Este enfoque nos permitiría rastrear, tanto estructural como cronológicamente, las raíces lógicas e históricas de los problemas que contribuyeron al desmantelamiento final de estos sistemas. Nos ayudará a aislar las políticas o medidas específicas que fueron responsables de la aparición de determinados problemas en una etapa concreta, y a determinar la naturaleza objetiva o subjetiva, superestructura o infraestructural, interna o externa, así como el grado de inevitabilidad de cada uno de los problemas emergentes. Solo entonces podremos descubrir realmente las causas reales y las relaciones lógicas e históricas entre los múltiples factores que contribuyen a ello. Es evidente que se trata de una tarea gigantesca. Pero es una tarea ineludible que, más que nada, requiere paciencia, trabajo duro, un verdadero sentido de la responsabilidad y una estricta adhesión a los principios científicos.

## 4. El socialismo desde un punto de vista teórico

Cualquier esfuerzo sincero por evaluar las deficiencias de los modelos de socialismo del pasado debe, antes que nada, definir y aclarar las premisas teóricas que constituyen su fundamento. En otras palabras, tal evaluación debe basarse inevitablemente en una clara comprensión teórica de los principios generales que rigen el socialismo y sus estructuras internas. Dado que las nociones teóricas del socialismo y las expectativas históricas de los sistemas socialistas han sido diferentes, incluso entre las y los pensadores marxistas más serios, es necesario aclarar primero la concepción teórica del socialismo científico y los principios que nos guían en esta discusión.

### El socialismo como nuevo tipo de sociedad

Como nuevo tipo de sociedad, el socialismo se rige por ciertas leyes generales esbozadas por Marx en su concepción materialista de la historia. Algunas de estas leyes generales son aplicables universalmente a todos los modos de producción, y otras se aplican únicamente al socialismo.

Según Marx, todos los modos de producción, sin excepción, constan de una infraestructura económica (elemento objetivo) y una superestructura (elemento subjetivo). La infraestructura económica del modo de producción, según Marx, consiste en relaciones de producción (relaciones de propiedad de los medios de producción) y fuerzas de producción (trabajo, conocimiento, herramientas y tecnología, tierra, etcétera.). La superestructura, por su parte, consiste en todas las estructuras políticas, ideológicas, culturales, filosóficas y otras similares que surgen de esta base económica. En todos los modos de producción, los elementos superestructurales operan dentro de las limitaciones establecidas por la infraestructura económica y están «condicionados» por esta infraestructura. Mutuamente, estos elementos superestructurales son capaces de influir en los elementos y procesos infraestructurales del modo de producción. De nuevo, en todos los modos de producción, los elementos superestructurales dominantes, especialmente la estructura política del Estado, están al servicio de las clases dominantes, ayudando a mantener y reproducir las relaciones de producción existentes de acuerdo con los intereses de las clases dominantes. Por último, en todos los modos de producción, las relaciones de producción dominantes, si bien están condicionadas por el nivel de desarrollo de las fuerzas productivas en un momento dado, garantizan y facilitan a su vez un cierto grado de crecimiento de estas fuerzas productivas dentro de los límites establecidos por los intereses de las clases dominantes.

Desde el punto de vista histórico, en todos los modos de producción llega un momento en que el crecimiento cuantitativo de las fuerzas de producción supera los límites establecidos por las relaciones de producción dominantes y, por tanto, hace necesario un cambio en estas relaciones. En esta etapa, la intensificación del conflicto entre las fuerzas de producción y las relaciones de producción conduce a una revolución social y al establecimiento de un nuevo conjunto de relaciones de producción que sean compatibles con el nuevo nivel de desarrollo de las fuerzas productivas de la sociedad. De este modo, las nuevas relaciones de producción sustituyen a las antiguas y el proceso de crecimiento y desarrollo de las fuerzas de producción continúa en el marco de las nuevas relaciones establecidas por el nuevo orden. Este proceso histórico es característico de todos los modos de producción, incluyendo el socialismo.

En las sociedades de clase, sin embargo, debido a la presencia de las clases explotadoras que encuentran que el mantenimiento de las relaciones de producción existentes es en su propio interés de clase, este proceso de sustitución de lo viejo por lo nuevo se enfrenta a complicaciones y contradicciones especiales. En este caso, las clases dominantes y las estructuras políticas creadas por ellas, especialmente el Estado, actúan como un freno al proceso de renovación de las relaciones de producción. En consecuencia, el proceso de sustitución de lo viejo por lo nuevo requiere siempre una revolución social que supere la resistencia de las clases dominantes y de su Estado. Esta es la característica más importante que distingue a todas las sociedades clasistas anteriores de la nueva sociedad socialista.

Desde el punto de vista marxista, la clase obrera, al eliminar todas las formas de explotación de clase y todas las clases explotadoras, eliminará todos los obstáculos del camino natural de sustitución de lo viejo por lo nuevo y garantizará así el crecimiento y desarrollo continuo de las fuerzas de producción de la sociedad. Con la eliminación de las clases explotadoras, desaparece también de la sociedad una importante fuerza motriz para el mantenimiento del *statu quo* y se permite que las relaciones de producción asuman un carácter fluido y en constante cambio. Por eso Marx considera el comunismo no como un «modo de producción» específico o una «etapa» concreta en el desarrollo histórico de la sociedad humana, sino como un proceso constante de «abolición del estado actual de las cosas». Por lo tanto, desde una perspectiva histórico-materialista, lo que distingue a una sociedad socialista en desarrollo de todas las sociedades anteriores basadas en clases, son sus relaciones de producción fluidas y en constante cambio que permiten un crecimiento y desarrollo continuo e ininterrumpido de las fuerzas pro- ductivas de la sociedad. Esta característica única es lo que hace del socialismo un nuevo tipo de sociedad y lo separa de todas las sociedades anteriores de la historia de la humanidad. Esta característica también constituye el criterio más fundamental por el que se debe juzgar y evaluar la adecuación y el bienestar de los modelos de socialismo anteriores.

## La «primera fase» del comunismo y la dinámica de su desarrollo

Evidentemente, no se puede abordar el concepto de la sociedad comunista de Marx de forma abstracta e idealista. Como subrayó Marx en su *Critique of the Gotha Programme [Critica del Programa de Gotha]* el socialismo como «fase primitiva» o «primera fase» de la sociedad comunista tiene ciertos rasgos característicos que lo diferencian, tanto estructural como cualitativamente, del comunismo. En su descripción de la «primera fase» de la sociedad comunista, Marx escribió:

> De lo que aquí se trata no es de una sociedad comunista que *se ha desarrollado* sobre su propia base, sino, al contrario, de una que acaba de *salir* precisamente de la sociedad capitalista y que, por tanto, presenta todavía en todos sus aspectos, en el económico, en el moral y en el intelectual, el sello de la vieja sociedad de cuya entraña procede.[6]

¿Cuáles son esas «marcas de nacimiento»? En primer lugar, los seres humanos de esa sociedad siguen llevando consigo todas las características y limitaciones subjetivas y objetivas que heredaron del capitalismo, como la avaricia personal, la falta de conciencia de clase, los prejuicios sociales, mala educación y conocimientos limitados, etcétera. En segundo lugar, las fuerzas productivas de la sociedad aún no han alcanzado el nivel

---

[6] Karl Marx, *Critique of the Gotha Programme*, International Publishs, Nueva York, 1938, p. 56.

de desarrollo necesario para satisfacer todas las necesidades materiales y culturales del pueblo. Por lo tanto, el principio comunista de «a cada uno según sus necesidades» no puede realizarse en la primera fase. En tercer lugar, debido a las diferencias existentes en las habilidades y capacidades de los productores individuales, el principio de igualdad entre todos los miembros de la sociedad, que es una de las características fundamentales de una sociedad comunista desarrollada, no puede ser reconocido como un objetivo para la sociedad socialista en sus primeras etapas de desarrollo. De hecho, el principio de «a cada uno según su contribución», que guía el proceso de distribución de bienes y servicios en el socialismo, no solo se basa en la desigualdad entre las y los productores, sino promueve intencionadamente dicha desigualdad. Y hay una razón histórica y científica para ello.

El principio socialista «a cada uno según su contribución» no solo convierte el trabajo socialmente útil en la única fuente de ingresos para todas y todos los miembros de la sociedad, sino que también alinea los intereses privados de los productores con el objetivo social de crecimiento ininterrumpido de las fuerzas de producción. Al mismo tiempo, lo que se devuelve a los productores en forma de salarios solo compensa una parte de lo que han producido para la sociedad. El resto del valor producido por las trabajadoras y trabajadores será convertido en propiedad pública por el Estado y se deposita en el «fondo público» de la sociedad. Por lo tanto, está bastante claro que en las primeras fases de la sociedad comunista no solo continúa la explotación del trabajo humano (no en forma de explotación de clase, por supuesto) en un proceso de producción socialista, sino que se intensifica conscientemente. El Estado Socialista, actuando en nombre de la sociedad en su conjunto, intenta constantemente aumentar el nivel de producción y maximizar la suma total de plusvalía generada en toda la sociedad, creando incentivos materiales para un mayor trabajo y un rendimiento superior.

Esta desigualdad planificada a través de la diferenciación salarial es el medio más importante y eficaz para que una sociedad socialista aumente la productividad del trabajo y garantice el crecimiento continuo de las fuerzas de producción durante sus primeras fases de desarrollo. Obviamente, la utilización consciente de los logros científicos y tecnológicos más avanzados de la sociedad humana constituye una parte integral de este proceso planificado.

La diferencia cualitativa entre esta desigualdad planificada dentro del sistema socialista y la desigualdad que caracteriza al modo de producción capitalista radica en la apropiación pública de la plusvalía generada en el socialismo. Este excedente, después de algunas deducciones para gastos socialmente necesarios como la administración del Estado, el mantenimiento del orden público, etcétera., se transfiere a un «fondo de consumo social» y se utiliza para mejorar el nivel de vida de la sociedad en su conjunto, y para proporcionar servicios sociales a todas y todos los miembros de la sociedad de manera universal e igualitaria sin tener en cuenta la cantidad o la calidad de su trabajo.

Es aquí, y no en el nivel de la producción, donde el principio comunista de «a cada uno según sus necesidades» se pone en marcha desde las primeras fases del desarrollo socialista. Sin embargo, es evidente que el crecimiento de este sector comunista de la sociedad socialista está directamente vinculado al desarrollo de las fuerzas productivas y al crecimiento continuo de la cantidad de plusvalía generada en el sector productivo de la economía, y su realización depende de ello. En otras palabras, el crecimiento del sector comunista en el seno de la economía socialista está en función directa con el desarrollo de sus fuerzas de producción y del aumento continuo de la productividad del trabajo en la esfera de la producción.

De este modo, cada miembro de una sociedad socialista beneficia de los recursos materiales de la sociedad de dos maneras distintas: en primer lugar, a través de los salarios directos que se recibe en función de la calidad y la cantidad de trabajo realizado para la sociedad; y en segundo lugar, a través de los servicios y prestaciones sociales gratuitos que se proporcionan de forma universal, independientemente de la cantidad de trabajo realizado para la sociedad. La suma de los salarios directos y de los servicios gratuitos así recibidos constituye el ingreso total de una persona en el socialismo. Naturalmente, en las primeras fases del desarrollo del socialismo, cuando las fuerzas de producción están menos desarrolladas y los incentivos materiales y no la conciencia comunista constituyen la principal motivación de la gente para trabajar, los salarios constituyen la parte más importante de los ingresos de las trabajadoras y trabajadores y su principal motivo para realizar un trabajo socialmente útil. Pero, a medida que se desarrolla la sociedad socialista, la parte de las prestaciones y servicios comunistas que ellas y ellos reciben aumenta en relación con la parte de los salarios directos en sus ingresos totales. Así, con el desarrollo continuo del socialismo, a medida que crece la parte relativa de las prestaciones gratuitas y universales en la renta total de las trabajadoras y trabajadores, la sociedad se aleja gradualmente del principio «a cada cual según su contribución» y se aproxima al principio comunista de «a cada cual según sus necesidades».

Estos conceptos elementales son cruciales para el desarrollo continuo y sin interrupción de una sociedad socialista hacia el comunismo. La falta de atención adecuada a estas cuestiones puede interrumpir el proceso de desarrollo socialista, obstaculizar el crecimiento de sus fuerzas de producción y, en última instancia, conducir a una crisis del sistema.

1. La producción socialista, por su propia esencia y misión histórica, es absolutamente incompatible con la nivelación de los salarios. De hecho, el socialismo solo podría alcanzar sus

objetivos a largo plazo mediante un sistema de diferenciación salarial bien planificado. Cualquier intento de nivelación mecánica de los salarios solo puede tener como resultado el debilitamiento y la destrucción de los incentivos materiales que son vitales para aumentar la productividad del trabajo en el socialismo. La falta de atención a este principio clave por parte de las y los dirigentes del Partido y quienes planifican la sociedad socialista y, sobre todo, la aplicación prematura de los principios comunistas avanzados a las primeras fases del desarrollo socialista -o la «precipitación», como la llamó Marx- puede ser perjudicial para el proceso de producción socialista.

2. Incluso en las fases avanzadas del desarrollo socialista, este principio sigue siendo válido. La igualdad comunista se hará realidad no mediante la eliminación de los incentivos materiales de la esfera de la producción, sino como resultado del crecimiento continuo del «fondo de consumo social», hasta el punto de que el importe de los salarios directos de las trabajadoras y trabajadores sea totalmente insignificante en comparación con el valor de los beneficios y servicios sociales gratuitos que reciben de la sociedad. De hecho, la medida más importante del crecimiento y desarrollo de una sociedad socialista, y de su grado de avance hacia el comunismo, es la relación entre el valor de las prestaciones y servicios gratuitos de los productores y el importe de los salarios directos en su ingreso total. Ninguna decisión política o criterio definido subjetivamente puede sustituir esta medida objetiva.

3. El mero crecimiento cuantitativo del producto excedente de una sociedad socialista no puede tomarse por sí mismo como medida de su avance hacia el comunismo. La medida debe definirse también en términos de cómo se asigna este producto excedente; hasta qué punto se utiliza de forma productiva y hasta qué punto se ha utilizado para elevar el nivel de vida de los propios productores. Los errores de planificación social

y económica, la mala gestión y la malversación del producto excedente, la creciente canalización del producto excedente hacia áreas no productivas como la burocracia estatal, los gastos militares, las guerras, la corrupción, etcétera., pueden hacer descarrilar el proceso de desarrollo socialista y obstaculizar la marcha histórica de la sociedad hacia el comunismo.

## El papel del factor subjetivo en el socialismo: (a) la relación entre el Partido y el Estado

El ininterrumpido crecimiento de las fuerzas de producción en el socialismo es el resultado de otra característica que distingue el socialismo de todas las sociedades anteriores. Marx describe este rasgo distintivo de la siguiente manera:

> El comunismo se distingue de todos los movimientos anteriores en que echa por tierra la base de todas las relaciones de producción y de trato que hasta ahora han existido y por primera vez aborda de un modo consciente todas las premisas naturales como una creación de los hombres anteriores, despojándolas de su carácter natural y sometiéndolas al poder de los individuos asociados. Su institución es, por tanto, esencialmente económica, la de las condiciones materiales de esta asociación; hace de las condiciones existentes condiciones para la asociación. Lo existente, lo que crea el comunismo, es precisamente la base real para hacer imposible cuanto existe independientemente de los individuos, en cuanto este algo existente no es, sin embargo, otra cosa que un producto de la relación anterior de los individuos mismos.[7]

Así, el comunismo implica no solo la eliminación total de la explotación clasista de la sociedad humana, sino también la inversión de la relación dialéctica entre los elementos subjetivos y objetivos en la sociedad. Por primera vez en la historia de la humanidad, surge un sistema social en el que los seres humanos

---

[7] Karl Marx, *The German Ideology*, International Publishers, Nueva York, 1947, p. 86; MECW, Toma 5, p. 81.

someten conscientemente las estructuras socioeconómicas de la sociedad a sus propias fuerzas y logran ponerlas a su servicio en lugar de dejarse llevar ciegamente por ellas. En su descripción de esta característica única del comunismo Marx llega incluso a rechazar la existencia independiente de tales estructuras de los seres humanos conscientes.

Así, la dominación de lo subjetivo sobre lo objetivo constituye el segundo rasgo distintivo del socialismo y del comunismo. A diferencia de las anteriores sociedades clasistas, en las que las infraestructuras de la sociedad y, sobre todo, sus relaciones de propiedad y producción, determinaban la dirección del movimiento de los elementos subjetivos y superestructurales, en la sociedad socialista -en la que los medios de producción se han convertido en propiedad común de toda la sociedad- es el factor subjetivo el que determina conscientemente el curso del movimiento de las infraestructuras. Desde el punto de vista marxista-leninista, este factor subjetivo no es otro que la clase obrera y su partido político que, tras conquistar el poder político y sustituir el aparato estatal burgués, dirigen la sociedad socialista hacia el comunismo según un plan conscientemente elaborado.

Hay razones importantes para hacer hincapié en el papel de la clase obrera y su partido. Desde una perspectiva teórica, hay razones importantes para no confundir el papel vanguardista del Partido con el papel del Estado en el socialismo:

1. Según el análisis de Marx, el Estado, en todas las circunstancias y en todos los modos de producción, incluyendo el socialismo, tiene el papel universal de mantener y reproducir las relaciones de producción *existentes*. Aunque bajo el socialismo este papel implica el mantenimiento y la reproducción de las relaciones de producción *socialistas*, sin embargo, la tarea de mantener y reproducir las relaciones de producción *existentes* en una sociedad que se basa en la premisa de la constante renova-

ción de estas es, en esencia, una tarea conservadora y estática.

2. Una sociedad socialista no es todavía una sociedad sin clases. El Estado Socialista, aunque esté bajo el control de la clase obrera, no representa a la clase obrera y sus intereses de clase exclusivamente. El Estado Socialista debe representar, tanto en el plano nacional como en el internacional, los intereses de todas las trabajadoras y trabajadores y de todas las clases presentes en una sociedad socialista unificada. En este sentido, las preocupaciones y responsabilidades del Estado, que actúa de acuerdo con los intereses de la sociedad socialista en su conjunto, son muy diferentes de las del Partido, al que se le encomienda la tarea de promover los intereses de la clase obrera como clase más avanzada de la sociedad. Mientras que el Estado tiene la tarea de administrar y preservar la sociedad socialista existente en su conjunto, el Partido tiene la tarea de hacer avanzar la sociedad socialista hacia el comunismo transformando constantemente el estado actual de la sociedad.

3. Desde el punto de vista económico, la propiedad pública sobre los medios de producción en el socialismo encomienda al aparato estatal la responsabilidad de gestionar la economía socialista en nombre de la clase obrera y de las masas trabajadoras. En tales circunstancias, siempre existe el peligro inherente de que la burocracia estatal, dados sus limitados intereses políticos y económicos, abuse de su control directivo sobre la economía socialista en beneficio propio en lugar de promover los intereses de clase del pueblo trabajador. En otras palabras, puede considerarse a sí misma como patrón en lugar de representante del pueblo trabajador. En tal situación, el Partido de la clase obrera se enfrenta a la peculiar tarea de defender y promover los intereses de la clase obrera frente a las tendencias burocráticas dentro del aparato estatal. En la mayoría de los casos, esta responsabilidad debería situar al Partido del lado de la clase obrera, no de la burocracia estatal.

4. Como ha enfatizado Lenin, el aparato estatal en todas las sociedades, incluso en el socialismo, tiene una naturaleza burocrática y suele desarrollar ciertos intereses propios que en la mayoría de los casos son incompatibles con los intereses de la clase obrera a largo plazo. El control de las trabajadoras y trabajadores sobre el Estado no puede en absoluto eliminar esa incompatibilidad de intereses. Marx señaló que el desarrollo del comunismo se caracteriza por la desaparición gradual del Estado en la sociedad socialista. Obviamente, este proceso no puede dejarse en manos de la propia burocracia estatal. Por el contrario, debe ser llevado a cabo por el Partido de la clase obrera de una manera consciente y bien planificada, independientemente de cualquier resistencia presentada por la burocracia estatal. Por estas razones, cualquier confusión del papel y las responsabilidades del Estado Socialista con los del Partido y, peor aún, cualquier relegación de las tareas históricas del Partido al Estado, tendrá graves consecuencias para el proceso de desarrollo socialista. Cualquier forma de fusión entre las estructuras del Partido y del Estado daría lugar al crecimiento del burocratismo, el arribismo y la corrupción en las filas del Partido, debilitando su papel vanguardista y distanciándolo de su base de clase. A largo plazo, estos fenómenos conducirían inevitablemente al sistema socialista a una crisis profunda.

Cualquier evaluación de los modelos pasados de socialismo debe, por tanto, incluir un examen minucioso de las relaciones entre el Partido y el Estado en todas y cada una de las etapas de desarrollo de la sociedad socialista dada. Este examen debe realizarse no solo en relación con las posibles fusiones entre las estructuras del Partido y del Estado, sino también en relación con el grado de adhesión del Estado Socialista a los principios socialistas y a las directrices del Partido, así como con la capacidad del Partido de reconocer las exigencias históricas de todas y cada una de las etapas del desarrollo socialista y de proponer planes realistas para hacer avanzar la sociedad hacia sus objetivos comunistas.

## El papel del factor subjetivo en el socialismo: (b) la relación entre el Partido y la clase

Desde el punto de vista marxista, el proletariado -la clase obrera- es el motor y su partido político es el líder de la revolución socialista. Desde el punto de vista leninista, la unidad del Partido y la clase es vital para el éxito de la revolución socialista y la marcha hacia el comunismo. Tanto desde el punto de vista teórico como histórico, la unidad del Partido y de la clase tiene ciertas condiciones previas que deben ser consideradas en cualquier evaluación de los modelos pasados de socialismo.

Al rechazar la idea del desarrollo espontáneo de la conciencia socialista en el proletariado, y al adelantar la tesis de que dicha conciencia debe ser llevada al proletariado por su partido político «desde afuera», Lenin situó al Partido Comunista en el centro del proceso histórico de la revolución socialista, y al hacerlo, relegó al Partido varias tareas importantes. Al mismo tiempo, estableció la unidad Partido-clase obrera como la condición más importante para el éxito del Partido en el cumplimiento de sus tareas históricas.

La primera tarea del Partido, subrayó Lenin, es educar ideológicamente y organizar y dirigir políticamente al proletariado en su lucha de clase diaria. Desde el punto de vista organizativo, el Partido es responsable de reunir todas las fuerzas del proletariado y concentrar su lucha contra la burguesía. En palabras de Lenin, el Partido debe ser «una organización de revolucionarios capaz de asegurar energía, firmeza y continuidad a la lucha política.»[8] En su opinión, sin el Partido, las masas carecerán de la necesaria «unidad de voluntad» para dirigir la revolución socialista hacia la

---

[8] V. I. Lenin, *What Is To Be Done?* International Publishers, Nueva York, 1969, p. 103.

victoria. Esta unidad de voluntad, no solo dentro de las filas de las trabajadoras y trabajadores, sino también entre la clase obrera y su Partido, es la clave para el éxito de la lucha revolucionaria.

Sin embargo, en las primeras etapas del desarrollo socialista, cuando la clase obrera aún no ha alcanzado un alto nivel de educación ideológica y de conciencia de clase, la toma de decisiones y el papel de dirección del Partido en la lucha son inevitablemente muy elevados e incluso excesivos. Pero, a medida que continúa el desarrollo del socialismo y la educación ideológica, política y científica de la clase obrera incrementan, la línea de demarcación entre el Partido y la clase en su conjunto se desvanecerá gradualmente y la clase asumirá un papel cada vez mayor en la toma de decisiones del Partido. Cualquier interrupción de este proceso histórico de transferencia gradual pero continua del poder de decisión del Partido a la clase, por la razón que sea, no solo debilita al Partido al privarlo de los conocimientos y la energía de los segmentos más avanzados de la clase, sino que también daña la unidad entre el Partido y la clase y debilita el estatus del Partido en la sociedad en su totalidad.

Además, desde el punto de vista ideológico, el Partido tiene la responsabilidad de llevar conciencia socialista a la clase y traducir la conciencia de clase de las trabajadoras y trabajadores en conciencia y actividad política. Esta conciencia política, subrayó Lenin, solo puede ser alcanzada por la clase obrera a través de su completa comprensión de los intereses de todas las clases de la sociedad y de las contradicciones entre ellas. En la opinión de Lenin, esa comprensión global de las relaciones de clase no puede obtenerse únicamente desde el punto de vista de la propia clase obrera. El Partido debe educar a la clase obrera no solo en términos de sus intereses de clase, sino también sobre los intereses de todas las demás clases de la sociedad, así como la forma en que sus intereses se vuelven compatibles o incompatibles con los de la clase obrera en cada etapa específica de la lucha de clases. Mantener la claridad ideológica del Partido y protegerla de la influencia de puntos de vista ajenos a la clase obrera es una condición previa para el éxito del Partido en esta tarea.

Pero la tarea ideológica del Partido no se limita a la educación de la clase obrera. Para poder llevar a cabo su misión histórica el Partido debe situarse también a la vanguardia de los logros científicos de la sociedad humana. Como señaló Lenin, «quienes se imaginen cuán gigantescos son el crecimiento y la ramificación del movimiento obrero contemporáneo comprenderán cuántas fuerzas teóricas y cuánta experiencia política (y revolucionaria) se necesitan para cumplir esta tarea.»[9]

Siguiendo a Engels, Lenin subrayó además que la lucha de clases no comprende «dos formas de gran lucha... (política y económica), ... sino tres», y situó «la lucha teórica a la par de las dos primeras».[10]

El significado de estas palabras no radica tanto en el énfasis de Lenin en el importante papel de la teoría marxista y el materialismo histórico en la lucha de clases, sino en su énfasis en el papel del Partido de la clase obrera en el desarrollo y la evolución de la teoría científica en la sociedad humana. Y está bastante claro que ese papel no puede desempeñarse ignorando los logros históricos de la sociedad humana en el ámbito de la ciencia y la tecnología, especialmente los de la sociedad capitalista, sino ampliando y construyendo sobre estos logros. En otras palabras, es la responsabilidad histórica del Partido liberar la ciencia y la tecnología humanas del yugo de las relaciones de producción capitalistas y convertirlas en activos que sirvan a los intereses de la clase obrera.

Así, desde el punto de vista leninista, además de la tarea de dirigir a la clase obrera en su lucha política de clases, el Partido tiene también la responsabilidad histórica de apropiarse revo-

---

[9] *Ibídem*, p. 26.

[10] *Ibídem*. p. 27.

lucionariamente de los logros más avanzados de la ciencia y la tecnología burguesa y de transformar estos logros en medios eficaces para las trabajadoras y trabajadores en su lucha contra las clases explotadoras. En este sentido, el papel histórico del Partido va más allá de la liberación del proletariado y abarca también la liberación de la ciencia y la tecnología humanas.

Cualquier retraso o procastinación en esta importante área de la lucha de clases, que Lenin situó correctamente a la par de los aspectos económicos y políticos de la lucha, puede reducir drásticamente la capacidad del Partido para hacer avanzar la sociedad socialista hacia el comunismo y, por lo tanto, debilitaría y dañaría gravemente su relación con la clase en su conjunto. Por esta razón, una evaluación de la actuación pasada de las sociedades socialistas debe incluir también un examen de la actuación del Partido con respecto a estos principios.

## La democracia socialista:
## (c) La relación entre el Estado y la clase

Hoy en día, en muchos círculos, incluso entre ciertos sectores de la izquierda, se argumenta que el desmantelamiento de los Estados Socialistas se debió a la falta de «democracia» en los antiguos países socialistas. Las pensadoras y pensadores burguesas llegan a afirmar que el Estado Socialista es «dictatorial» por su propia naturaleza, y, por tanto, incompatible con los principios de la democracia y las libertades democráticas. Esta última posición, sin embargo, se basa principalmente en la premisa de que el Estado Socialista tiene un control «monopolizado» sobre los medios de producción en una sociedad socialista y, por lo tanto, está investido de «demasiado» poder económico y, por ende, político y social, sobre las masas populares.

Aunque las dos posiciones difieren ligeramente en cuanto a la naturaleza de su crítica al Estado Socialista -la primera es una crítica histórica y la segunda una crítica teórica- ambas adolecen del defecto fundamental común de carecer de un enfoque de clase de los conceptos de Estado, democracia y dictadura. Por lo tanto, es necesario elaborar la naturaleza de clase de estos conceptos antes de abordar la cuestión de la democracia socialista y la relación entre el Estado Socialista y la clase obrera desde el punto de vista histórico.

## La democracia burguesa contra la democracia socialista

Marx ha demostrado claramente que el Estado en cualquier sociedad, sea capitalista o socialista, es el principal instrumento de dominación y gobierno de clase. Por lo tanto, desde el punto de vista marxista, no se trata de la «democracia en general» sino de tipos específicos de democracia como son la democracia *capitalista* y la democracia *socialista*. Lenin describió la diferencia esencial entre los dos tipos de democracia de manera sucinta:

La democracia burguesa se limitaba a proclamar derechos formales para todos los ciudadanos por igual (…) Pero, en realidad, tanto la praxis administrativa como, más que nada, la esclavitud económica de los trabajadores han colocado siempre a estos últimos en la democracia burguesa ante la imposibilidad de valerse en una medida algo amplia de estos derechos y libertades. Por el contrario, la democracia proletaria o soviética, en lugar de proclamar formalmente los derechos y las libertades, los concede efectivamente, ante todo y más que nada, precisamente a las clases de la población antes oprimidas por el capitalismo…

La misión del PCR [Partido Comunista Ruso] consiste en incorporar masas más y más amplias de la población trabajadora al ejercicio de los derechos y las libertades democráticas y ampliar las posibilidades materiales para ello.[11]

[11] V. I. Lenin, *Draft Third Clause of the General Political Section of the Programme (For the Programme Commission of the Eight Party Congress)*, marzo de 1919, *Obras Completas*, toma 36, p. 505. [´véase nota al pie de Azad]: Es importante señalar aquí que, con respecto al párrafo (3) del pasaje anterior, se ha añadido al texto del Proyecto de Programa una «In-

*Una lucha heroica, Una derrota amarga*

En otro lugar, en el *Draft Programme of the RCP (B) [Proyecto de programa del P.C.R. (B)]* [Partido Comunista Ruso (Bolchevique)], Lenin esbozó los elementos integrales de la democracia socialista de la siguiente manera

> La misión histórica que recae sobre la República Soviética -un nuevo tipo de Estado, de transición a la total supresión del Estado- es la siguiente:
>
> (1) Crear y desarrollar en todos sus aspectos la organización de masas, precisamente de las clases oprimidas bajo el capitalismo, el proletariado y el semiproletariado. Solo de esta manera es posible asegurar en la práctica la democracia para la mayoría de la población, es decir, la participación efectiva de la gigantesca mayoría del pueblo (precisamente los trabajadores) en la administración del Estado en lugar de la función dirigente que, en realidad, ejercen en el Estado más que nada las clases burguesas.
>
> (2) La organización soviética del Estado concede cierta ventaja real precisamente (…) al proletariado industrial urbano. Esta ventaja debe ser utilizada de modo indefectible y sistemático para unir más estrechamente -en oposición a los intereses estrictamente gremiales y profesionales que el capitalismo se encargaba de desarrollar entre los obreros, dividiéndolos en grupos antagónicos…
>
> (3) La democracia burguesa (…) engañó a las masas con la idea de que es posible en la práctica la igualdad entre explotadores y explotados. La organización soviética del Estado destruye este engaño y esta hipocresía, ejerciendo la verdadera democracia, es decir, la igualdad real de todos los trabajadores y excluyendo a los explotadores de la categoría de miembros plenos de la sociedad.

---

serción para la Sección Política del Programa» que dice en parte: «Para evitar hacer una generalización incorrecta de las necesidades históricas transitorias, el R.C.P. debe explicar también a los trabajadores que en la República Soviética la privación de derechos de una parte de los ciudadanos no significa… que una categoría definida de ciudadanos esté privada de derechos de por vida. Se aplica sólo a los explotadores, a los que, violando las leyes fundamentales de la República Soviética socialista, persisten en sus esfuerzos por aferrarse a su condición de explotadores y por conservar las relaciones capitalistas. En consecuencia, en la República Soviética, por una parte, a medida que el socialismo se fortalece cada día más y se reduce el número de los que objetivamente pueden seguir siendo explotadores…, el número de los desheredados disminuirá automáticamente. Por otra parte, en un futuro muy próximo, el cese de la invasión extranjera y la finalización de la expropiación de los explotadores pueden, bajo ciertas circunstancias, crear una situación en la que el Estado proletario elegirá otros métodos e introducirá el sufragio universal sin restricciones.»

(4) Una influencia más directa de las masas trabajadoras en la organización y en la administración del Estado, esto es, una forma más elevada de democracia, se logra también con el tipo soviético de Estado, en primer lugar, mediante el procedimiento electoral y la posibilidad de celebrar elecciones con mayor frecuencia, así como las condiciones para la nueva elección o la revocación de los diputados....

(5) En segundo lugar, haciendo que bajo el poder soviético la circunscripción electoral básica y la célula fundamental de la estructura estatal no sea el distrito territorial, sino la unidad económica, industrial (la fábrica o el taller)....

(8) La organización soviética del Estado ha permitido que la revolución proletaria aplaste de golpe y destruye hasta sus cimientos el viejo aparato estatal burgués, (...) que siempre y en todas partes mantiene unido el poder del Estado con los intereses de los terratenientes y capitalistas, pero la lucha contra la burocracia dista mucho de haber llegado (...) Seguir luchando contra la burocracia es, por consiguiente, absolutamente necesario, es urgente para asegurar el éxito de la continua construcción socialista.

(9) La labor en este terreno está inseparablemente unida al cumplimiento de la principal misión histórica del Poder soviético, es decir, avanzar hacia la supresión total del Estado, y debe consistir en lo siguiente: primero, cada miembro de un sóviet debe realizar, sin falta, cierto trabajo de administración del Estado; segundo, este trabajo debe variar permanentemente de modo tal que abarque todas las actividades de gobierno, todas sus ramas, y, tercero, por medio de una serie de medidas graduales, cuidadosamente elegidas, pero puestas en práctica de modo indefectible, toda la población trabajadora sin excepción debe ser atraída para participar con iniciativa propia en la administración del Estado.

(10) Precisamente en este sentido de hacer accesible realmente a los trabajadores y explotados los beneficios de la cultura, la civilización y la democracia; allí precisamente reside la labor más importante del poder soviético, labor que deberá continuar incontiniblemente.[12]

Los pasajes anteriores demuestran claramente los elementos fundamentales que constituyen la esencia de una democra-

---

[12] V. I. Lenin, *Obras Completas*, 23 de febrero de 1919, Toma 29, pp. 105-110, 125-127.

cia socialista. Aunque las formas específicas de aplicación o el grado de énfasis en cada elemento particular de este esquema pueden variar en las diferentes sociedades socialistas, los principios contenidos en estos pasajes son universales y, por lo tanto, pueden utilizarse en la evaluación de los modelos de socialismo existentes y pasados con respecto a la cuestión de la democracia socialista.

Sin embargo, en lo que respecta a la cuestión de la relación entre el Estado y la clase en el socialismo, hay que destacar algunos puntos.

1. La democracia socialista, como medio para garantizar los derechos y las libertades económicas, políticas y sociales del proletariado y de otras masas trabajadoras en una sociedad socialista, solo puede realizarse defendiendo los intereses de la clase obrera frente a las clases explotadoras a lo largo de todo el proceso de construcción socialista. Como demuestran claramente los pasajes anteriores, la cuestión de la democracia de la clase obrera en el socialismo no es simplemente una cuestión de «conceder» a las trabajadoras y trabajadores libertades políticas y económicas, sino, más importante aún: garantizar la propia existencia y el desarrollo continuado del socialismo hacia el comunismo. La hegemonía política e ideológica de la clase obrera sobre el Estado Socialista constituye un importante requisito para mantener el curso de la construcción socialista. En este sentido, la «participación directa del pueblo trabajador en la administración del Estado» no es un mero ejercicio de democracia en el socialismo, sino una garantía necesaria para la integridad del sistema. Cualquier forma de debilitar la participación de las trabajadoras y trabajadores en la administración del Estado está destinada a abrir las puertas a la dominación de las tendencias no proletarias -las tendencias burocráticas en particular- sobre el Estado Socialista, diluyendo así su perspectiva proletaria y desviando todo el proceso de construcción socialista hacia estas

tendencias no proletarias. Esto, a su vez, abre el camino para el resurgimiento, el crecimiento y la dominación final de las clases explotadoras y los estratos sociales improductivos y la corrupción en una sociedad socialista, amenazando así la existencia misma del socialismo.

2. La democracia socialista, en esencia, no es más que la aplicación de los principios científicos de la organización de la clase obrera a la sociedad en general. Implica la aplicación de principios tales como: la dirección colectiva; la sumisión de la minoría a la voluntad de la mayoría; la sumisión de los órganos inferiores a los órganos superiores de dirección; el carácter electivo de todos los órganos de dirección, el derecho a la revocación de las masas y la participación activa y efectiva de las masas en todos los procesos de decisión y de elaboración de políticas. Obviamente, la responsabilidad por la creación y ampliación de las condiciones materiales para el crecimiento y fortalecimiento de las instituciones y órganos democráticos necesarios para la aplicación de estos principios (por ejemplo sindicatos, consejos, organizaciones de masas, etcétera.) corresponde a todo Estado Socialista. Estas instituciones y órganos constituyen los vínculos y el puente entre el Estado Socialista y las masas trabajadoras. Cualquier debilitamiento o degradación de estas instituciones como mecanismos de participación de las masas en el gobierno socialista, o su transformación en meros apéndices del Estado, no solo viola los principios de la democracia socialista, sino que debilita la esencia misma del socialismo. Tal proceso transforma el Estado Socialista de un Estado de toda la clase en un Estado de una élite seleccionada de la clase. Rompe el vínculo entre el Estado y la clase y elimina la supervisión del Estado por parte de toda la clase, contribuyendo así a todas las formas de desviaciones destructivas del camino de la construcción socialista.

3. Al mismo tiempo, es evidente que la democracia socia-

lista, como principio político dominante que rige el proceso de transición del capitalismo al comunismo, no puede ser un principio rígido y estático, y debe transformarse de acuerdo con las condiciones sociales, históricas e incluso objetivas externas imperantes en todas y cada una de las fases del desarrollo de la sociedad socialista. En las primeras etapas, cuando las clases antagonistas y explotadoras no han sido desarraigadas, y especialmente cuando el socialismo está todavía bajo el asedio y la amenaza económica, política y militar de los estados capitalistas, la democracia socialista seguirá siendo más limitada en su profundidad y forma. Pero a medida que el socialismo se desarrolla, y que las clases explotadoras desaparecen cada vez más de la sociedad, la democracia socialista se amplía tanto en profundidad como en forma. En ausencia de clases antagónicas, la democracia socialista actúa como garante de la hegemonía política e ideológica del proletariado sobre las estructuras del Estado Socialista y asume un carácter cada vez más dinámico con el desarrollo continuo de las fuerzas productivas de la sociedad socialista.

Sin embargo, no hay que olvidar que la expansión de la democracia socialista no sigue mecánica y espontáneamente los pasos del desarrollo económico de la sociedad socialista. Más bien, al igual que todos los demás aspectos de la sociedad socialista, la expansión de la democracia socialista también requiere una planificación y ejecución conscientes por parte del partido político del proletariado en cada etapa. También aquí, cualquier enfoque dogmático y rígido del principio de la democracia socialista; o por lo contrario cualquier decisión subjetiva y voluntarista para la flexibilización prematura del carácter de clase de este principio sin tener en cuenta el equilibrio objetivo de las fuerzas de clase tanto dentro de la sociedad como a nivel internacional, puede infligir graves daños al proceso de construcción socialista.

*Algunas consideraciones metodológica*

* * *

Esta evaluación de los resultados pasados del socialismo en la URSS se basa en los conceptos del socialismo científico expuestos anteriormente. Cada «modelo» de sociedad socialista es, ante todo, una construcción teórica que se concibe primero de forma subjetiva y luego se aplica en la realidad. Por lo tanto, su éxito o fracaso puede ser el resultado de tres grupos de factores:

1. Las premisas y los fundamentos teóricos sobre los que se construyeron estos modelos históricos de socialismo;

2. La capacidad del Partido dirigente para aplicar correctamente estos principios teóricos, y su grado de éxito en el diseño, aplicación y adaptación de estos modelos en función de las exigencias objetivas, históricas y sociales de todas y cada una de las etapas de la construcción socialista;

3. El impacto de las condiciones externas e históricas en las que se desarrollaron y aplicaron estos modelos.

Si se acepta la validez de los principios del socialismo científico explicados anteriormente, la búsqueda de las causas del fracaso de los modelos del pasado se centrará principalmente en el segundo y tercer grupo de factores. Al mismo tiempo, no cabe duda de que estos dos grupos de factores se influyen mutuamente entre sí y, por tanto, no pueden estudiarse sin tener en cuenta estas influencias mutuas.

El comunismo es un movimiento internacional; sus logros y fracasos deben ser juzgados internacionalmente. Es un movimiento dinámico y progresista que tiene como objetivo la lucha por la liberación de la humanidad de la explotación de clase. Por lo tanto, esta evaluación de sus deficiencias y fracasos pasados está motivada por el deseo de aprender de la historia para ayudar a este gran movimiento a alcanzar la victoria final de la clase obrera y de todos los pueblos explotados del mundo.

En última instancia, el juicio final sobre los acontecimientos en los antiguos países socialistas debe ser tomado por las y los comunistas y los partidos que participaron directamente en el proceso de construcción socialista en esos países. Por ello, esta evaluación se limita a los procesos más generales y a las cuestiones más críticas.

# Segunda parte

# Factores objetivos/externos que contribuyeron a la crisis del socialismo

A diferencia del sistema capitalista cuyo curso natural de desarrollo genera en sí una crisis, en una sociedad socialista es la ralentización del crecimiento que conduce a la crisis. Dado que cada uno de los modelos históricos del socialismo debía garantizar el crecimiento continuo del socialismo dentro de un determinado conjunto de limitaciones sociohistóricas y objetivas, cualquier evaluación del grado de éxito o fracaso de cada uno de estos modelos debe hacerse, por tanto, con referencia a las metas específicas del modelo en el contexto de las limitaciones objetivas que se le imponen en cada etapa de su desarrollo.

En general, la teoría había predicho que las primeras revoluciones socialistas se producirían en los países capitalistas avanzados de Europa Occidental y los Estados Unidos, donde las fuerzas de producción habían alcanzado el mayor nivel de desarrollo y la conciencia socialista de la clase obrera por ende se encontraba en un nivel superior. En Rusia, sin embargo, la teoría tuvo que ajustarse a la realidad. El hecho de que la primera revolución socialista se produjera no en uno de los países más avanzados del mundo capitalista, sino en el «eslabón más débil» del sistema necesariamente impuso nuevas exigencias al proceso de construcción socialista. El socialismo comenzó su vida con una carga mucho más pesada de lo previsto teóricamente y con responsabilidades mucho más difíciles.

La primera y más importante de estas responsabilidades era corregir el atraso objetivo y subjetivo de la sociedad rusa en relación con los demás países capitalistas, así como crear una infraestructura material y productiva necesaria para el establecimiento de las relaciones socialistas en la sociedad. La debilidad y el atraso histórico de la sociedad rusa, unidos al superior poderío económico y militar de los países capitalistas, permitieron a estos últimos perturbar el crecimiento de la sociedad socialista desde el principio mediante injerencias económicas y militares directas e indirectas. Esto, a su vez, se convirtió en la fuente de una creciente actitud defensiva dentro de la sociedad socialista, colocando la «supervivencia» del socialismo en lo más alto de la lista de prioridades de las y los dirigentes. Esta actitud defensiva desempeñó un papel decisivo en el desarrollo de los modelos históricos del socialismo a lo largo del proceso de construcción socialista.

Otro factor fue el bloqueo económico de los países capitalistas hacia el socialismo. La dirigencia de la revolución socialista en Rusia, incluyendo Lenin, esperaban que se produjeran otras revoluciones proletarias en los demás países capitalistas de Europa, particularmente en Alemania, junto con o poco después de la Revolución de Octubre. En este caso, Rusia hubiese podido corregir rápidamente su atraso económico apoyándose en la capacidad material y técnica de la clase obrera victoriosa en esos países. Pero la realidad resultó ser diferente, y el joven Estado Soviético se vio obligado a avanzar en su desarrollo económico basándose únicamente en sus recursos internos. La necesidad de hacer avanzar la revolución socialista en un solo país no solo culminó en serios debates teóricos en el seno de la dirección del Partido Comunista, sino que añadió características únicas al proceso de construcción socialista en ese país.

A estos factores hay que añadir también el impacto de la Segunda Guerra Mundial, la Guerra Fría y la extensa carrera armamentística impuesta al socialismo posterior a la Segunda Guerra Mundial. Todos estos factores absorbieron y diezmaron gran parte de los recursos materiales y recursos humanos de la sociedad socialista que podrían haberse utilizado para desarrollar las fuerzas de producción del país y hacer avanzar la sociedad socialista hacia el comunismo.

Por lo tanto, desde el principio los factores objetivos/externos desempeñaron un papel directo en el establecimiento del curso general, y en el condicionamiento del rendimiento, del socialismo en la Unión Soviética. Estos factores, externos al funcionamiento normal y a los objetivos históricos del socialismo, como veremos, desempeñaron un papel importante en la configuración de los procesos internos y en la definición de las características estructurales del sistema socialista en la URSS.

## 1. El nivel de desarrollo inicial de las fuerzas productivas

En 1917, cuando las y los bolcheviques tomaron el poder, la situación económica de Rusia se parecía a la de muchos otros países no desarrollados. El PNB per cápita solo había crecido un 9,1 % entre 1861 y 1913 (a un ritmo del 0,9 % anual). Esto era drásticamente inferior a las tasas comparables del 60 % de los demás países capitalistas al comienzo de su industrialización.[13] Durante el mismo período, la tasa de crecimiento de la producción agrícola en Rusia fue inferior al 2 por ciento anual y el crecimiento de la productividad en el sector agrícola fue de un escaso 3 por ciento por década entre 1880 y 1913. La producción industrial en 1913 representaba solo el 18 % de la producción total de la economía. En ese mismo año, el 72 por ciento de la mano de obra rusa trabajaba en el sector agrícola, el 18 por ciento en la industria y el 10 por ciento en el sector servicios. En 1913, la producción siderúrgica representaba el 10 % de la producción total industrial y solo empleaba al 12 % de la población activa. Las mismas cifras de otros países capitalistas, como Inglaterra, Alemania y los Estados Unidos, eran como mínimo el doble de las rusas. En 1913 la tasa de analfabetismo en Rusia superaba el 60 por ciento y el perfil de la población del país se asemejaba al de los países occidentales *antes* de su industrialización. En 1913, la tasa de mortalidad en Rusia era del 27 por cada mil, lo cual era más del doble de la tasa en Europa Occidental (13 por cada mil).

En 1913 Rusia era un país muy endeudado que obtenía gran parte del capital que necesitaba de Francia, Inglaterra y Bélgica. La economía rusa dependía en gran medida del capital extranjero y el bajo nivel de la demanda interna era insuficiente para promover el crecimiento industrial. En 1914 el capital extranjero representaba el 20 por ciento de la inversión total del país. Este porcentaje era el doble el de los Estados Unidos cuando inició su industrialización en la década de 1880, y 20 veces el de Japón en un periodo similar entre 1887 y 1896.

En 1917 la composición de la Producción Nacional Bruta (PNB) en Rusia era similar a la del periodo de preindustrialización de Europa Occidental y los Estados Unidos. El campesinado, y no las trabajadoras y trabajadores industriales, des-

---

[13] Salvo que se indique lo contrario, todas las cifras sobre la economía rusa anteriores a la revolución se han extraído de Paul R. Gregory y Robert C. Stuart, *Soviet Economic Structure and Performance*, Harper and Row, Nueva York, 1974, pp. 19-41.

empeñaban el papel principal en la economía. Una gran parte de la población, y por lo tanto, de toda la mano de obra, era analfabeta. La tasa de analfabetismo entre la numerosa y pobre población campesina era de casi el 100 %. De hecho, la Rusia de 1917 mostraba muchos de los rasgos de una economía de «dos niveles» característica de los países subdesarrollados: un sector industrial aislado e intensivo en capital junto a un amplio sector agrícola tradicional y atrasado.

Fue en estas condiciones que las y los bolcheviques tomaron el poder en Rusia. Dieron pasos hacia la construcción del socialismo en un país que, a pesar de cubrir una sexta parte de la superficie de la Tierra, no era una entidad cohesionada. La capacidad de comunicación era limitada; los canales de distribución eran incoherentes; la infraestructura industrial era extremadamente débil y atrasada; la economía campesina se enfrentaba a tremendos problemas; y la sociedad carecía del nivel de desarrollo social necesario para la aplicación de los planes socialistas. El curso de los acontecimientos después de la Revolución de Octubre en Rusia y más tarde en la Unión Soviética, aunque se basaba en los planes conscientes del Partido Comunista para la construcción de una sociedad socialista, no podía permanecer inmune a las influencias directas de la cultura de la sociedad, la composición social de la población y la historia pasada del despotismo en ese país. Por lo tanto, la clase obrera rusa no tenía más remedio que corregir primero este inmenso atraso antes de dar cualquier paso hacia la construcción del socialismo. El clarividente discurso de Lenin en el Séptimo Congreso Extraordinario del Partido Comunista Ruso (Bolchevique) en 1918 demostraba este hecho muy vívidamente:

> No hemos hecho más que dar los primeros pasos para demoler el capitalismo por completo e iniciar la transición al socialismo. No sabemos ni podemos saber cuántas etapas de transición habrá que atravesar aún antes de llegar al socialismo. Eso depende de cuán-

do empiece con verdadera amplitud la revolución socialista europea, de la facilidad, rapidez o lentitud con que se desembarace de sus enemigos y salga al camino trillado del desarrollo socialista. Desconocemoseso.[14]

Así pues, el proceso de construcción socialista en Rusia partió de un punto mucho más atrás de lo que la teoría del socialismo había previsto. También se enfrentó a requisitos mucho más complicados que los que hubiera tenido que afrontar una revolución socialista en una sociedad capitalista avanzada. Este comienzo y las complejas exigencias adicionales impuestas a la revolución dejaron su huella en todo el proceso de construcción socialista y crearon graves problemas históricos en su camino. Todas y cada una de las etapas del desarrollo histórico del socialismo que se llevaron a cabo fueron concebidas y aplicadas en la respuesta a una o más de estas complicadas exigencias externas e internas impuestas al sistema. Tener en cuenta el impacto de estos factores externos en las estructuras y el funcionamiento interno de los modelos históricos del socialismo es especialmente importante para la evaluación no solo de la parte relativa de los factores objetivos y subjetivos en la aparición de la crisis en el sistema socialista, sino también del papel del Partido de vanguardia en la aparición de dicha crisis.

## 2. La construcción del socialismo bajo el asedio del imperialismo

La política inicial de las y los bolcheviques tras tomar el poder no fue socializar inmediatamente la propiedad de los medios de producción en toda la sociedad, sino establecer una forma de capitalismo de Estado basada en el control de los sectores clave de la economía, la gestión mixta de las empresas privadas

---

[14] V.I. Lenin, *Obras Completas*, Editorial Progress, Moscú, 1977, Toma 27, p. 131.

y el reconocimiento legal de la propiedad privada en la agricultura, el comercio minorista y las pequeñas industrias. Este enfoque se guiaba, de hecho, por las realidades de la sociedad rusa. Su enfoque de la cuestión de la propiedad privada era cauteloso, especialmente en relación con el sector industrial. Para evitar la fuga de capitales y, por lo tanto, una caída repentina de la producción, concedieron una coexistencia, aunque frágil, entre el sector público y el privado. El gobierno revolucionario solo nacionalizó los sectores económicos claves, como la banca, el abastecimiento de cereales, el transporte, el petróleo y la industria militar. Los comités de trabajadores de las industrias privadas se limitaron a funciones de supervisión de la dirección; el derecho a tomar decisiones y a dirigir la empresa seguía correspondiendo a las propietarias y propietarios privadas de las mismas. Los comités de trabajadores tenían prohibido violar los derechos de los propietarios o tomar el control de la fábrica sin el permiso del gobierno. En el sector agrícola la primera medida de las y los bolcheviques tras tomar el poder fue aprobar la ley de reforma agraria del 8 de noviembre de 1917, que expropiaba las tierras de grandes terratenientes y las distribuía entre el campesinado. Esto también supuso un reconocimiento implícito por parte de las y los bolcheviques de la propiedad privada en la agricultura.

Pero poco después de la victoria de la Revolución de Octubre, las y los bolcheviques se enfrentaron a la invasión y ocupación del territorio ruso por parte de 14 Estados imperialistas y a una guerra civil instigada por los imperialistas e impuesta al país por los rusos blancos. Alemania había ocupado Ucrania. Los rusos blancos se habían apoderado de los Urales, Siberia, el norte de Kazajstán y otras zonas económicamente importantes. Polonia también ocupaba parte de Rusia. Se llegó a un punto en el que las y los bolcheviques solo controlaban el 10 por ciento de los suministros de carbón del país, el 25 por ciento de las fundidoras de hierro, menos del 10 por ciento de la producción de remolacha azucarera y menos del 50 por ciento de toda la producción de grano.[15] En tales condiciones tuvieron que luchar por la supervivencia del Estado revolucionario en una guerra desigual contra las fuerzas de ocupación de 14 Estados imperialistas, así como contra los rusos blancos. El primer modelo histórico de las y los bolcheviques, el «comunismo de guerra», fue desarrollado e implementado como respuesta a tales condiciones con el objetivo de movilizar todos los existentes pero limitados recursos económicos del país en defensa de la revolución socialista y ganar la guerra civil impuesta.

## El modelo del «comunismo de guerra» (1918-1921)

El modelo del «comunismo de guerra» se basaba en el principio del control estatal sobre todos los recursos económicos y humanos del país y en la sustitución del mecanismo de mercado por un sistema de distribución administrativa. Teniendo en cuenta la importancia de la agricultura en la economía, la primera medida en el marco del «comunismo de guerra» fue confiscar el exceso de producción del sector agrícola. La policía estatal (*Cheka*) fue enviada a todos los pueblos para recoger el exceso de producción de las agricultoras y agricultores ricos o de ingresos medios.

La nacionalización de las industrias no agrícolas fue otra característica del «comunismo de guerra». Este proceso, que comenzó con la industria azucarera en la primavera de 1918, se había hecho cargo de más de 37.000 unidades productivas para el otoño de 1920, de las cuales más de la mitad eran pequeñas

---

[15] Maurice Dobb, *Soviet Economic Development since 1917*, International Publishers, Nueva York, 1966, pp. 103-4.

unidades no mecanizadas.[16] Las estadísticas industriales soviéticas de 1920 muestran que más de 5.000 de estas unidades nacionalizadas tenían un solo empleado.[17]

El tercer aspecto del «comunismo de guerra» fue la prohibición de todo el comercio privado. En 1918 el comercio privado fue completamente prohibido y el Estado se convirtió en el único distribuidor de bienes de consumo. De la misma manera, el Estado estableció un control sobre la mano de obra industrial, limitó el movimiento de las trabajadoras y trabajadores industriales y la asignación de mano de obra quedó bajo control administrativo. Se establecieron fuertes sanciones por la ociosidad y, el 28 de noviembre de 1919, se aplicó la disciplina militar a las empleadas y empleados estatales. El dinero, como medio de intercambio, perdió su papel y las transacciones entre las empresas económicas se gestionaron mediante anotaciones en los registros contables. Las diferencias salariales fueron casi abolidas y los salarios de las trabajadoras y trabajadores se pagaron en bienes. Por otra parte, el Estado declaró gratuitos todos los servicios municipales y el transporte.

Así, desde el primer paso, la realidad de la guerra civil se impuso al proceso de construcción socialista en forma del «comunismo de guerra». La gratuidad de los servicios, la equiparación de los salarios, la erradicación total de la propiedad privada de los medios de producción en la industria y de la gran propiedad de la tierra en la agricultura, la eliminación del papel del dinero en la economía, el control total del Estado sobre la asignación de los recursos materiales y humanos de la sociedad, el control total del Estado sobre la distribución de los bienes de consumo, etcétera -ninguna de ellas figuraba entre las políticas prescritas por la teoría del socialismo científico para la «primera fase» de la sociedad comunista. Tal forma de organización de la

---

[16] Dobb, op. cit., p. 106.

[17] Alec Nove, An Economic History of the USSR, Penguin, Londres, 1969, p. 70.

sociedad socialista, que en muchos aspectos imitaba los rasgos de una sociedad comunista avanzada, fue adoptada solo en respuesta a las exigencias de la época y con el único propósito de lograr la victoria en la guerra civil impuesta. No era un modelo de desarrollo socialista, sino de prevención de la derrota militar del socialismo a manos de los países imperialistas y de los enemigos internos de la clase obrera.

El «comunismo de guerra» fue un tremendo éxito político y militar en la protección del Estado Socialista contra sus enemigos. Sin embargo, debido a su incompatibilidad con las condiciones objetivas de la sociedad, tuvo también importantes consecuencias negativas. Entre 1918 y 1921 la producción agrícola cayó en picada. La producción de trigo se redujo a la mitad en Siberia y a una cuarta parte en las regiones del Volga y el Cáucaso. Esto motivó a muchos agricultores a ilegalmente ocultar parte de su producción de las y los funcionarios del Estado. En algunas zonas las cantidades ocultas alcanzaban el 20% de la producción total.[18]

También se rompió el vínculo entre los sectores agrícola e industrial. La fuerte caída del poder adquisitivo de las y los agricultores hasta el nivel mínimo de supervivencia eliminó la demanda de los bienes de consumo producidos por el sector industrial. El nivel de consumo de las y los agricultores para los bienes industriales cayó al 12-15 % del nivel de antes de la guerra. Todos estos factores enfurecieron a las y los agricultores, que esperaban una relativa prosperidad tras las reformas agrarias. Las y los agricultores exigían la abolición del monopolio estatal sobre la producción y la distribución de los productos agrícolas.

Por otra parte, la falta de incentivos materiales adecuados para las trabajadoras y trabajadores, derivada de los bajos ingresos y la nivelación mecánica de sus salarios, causó problemas

---

[18] Dobb, op. cit., p. 106.

también en el sector industrial. El nivel de producción industrial descendió hasta el 15 por ciento del periodo de preguerra. Un número de trabajadoras y trabajadores cada vez mayor se alejaban de las fábricas. Muchas de las personas que habían acudido a las zonas urbanas en busca de trabajo abandonaron las ciudades. La población urbana descendió de 2,6 millones en 1917 a 1,2 millones en 1920.[19] La escasez de mano de obra en el sector industrial era cada día más crítica. A finales de 1920 las huelgas se habían generalizado. Finalmente, en marzo de 1921, cuando las marineras y marineros de la base naval de «Kronstadt» se declararon en huelga en apoyo de las trabajadoras y trabajadores de Petrogrado, se hizo evidente que el «comunismo de guerra», a pesar de su tremendo éxito en la consecución de sus objetivos políticos y militares, estaba creando una crisis económica cada vez más profunda para el país al mismo tiempo.

Los efectos económicos secundarios del «comunismo de guerra» demostraron claramente la exactitud científica de las advertencias de Marx sobre los peligros de «adelantarse» en una revolución socialista. En su discurso de conmemoración del cuarto aniversario de la Revolución de Octubre, Lenin destacó este hecho:

Llevados de una ola de entusiasmo, después de despertar en el pueblo un entusiasmo al principio político general y luego militar, contábamos con cumplir directamente, sirviéndonos de ese entusiasmo, [con] tareas económicas de la misma magnitud que las tareas políticas generales y las tareas militares. Contábamos -o quizá sea mejor decir, suponíamos, sin haber contado lo suficiente- que con órdenes directas del Estado proletario podríamos organizar al modo comunista, en un país de pequeños campesinos, la producción y la distribución estatales. La vida nos ha hecho ver nuestro error. Han sido necesarias diversas etapas transitorias -el capitalismo de Estado y el socialismo- para preparar el paso al comunismo con el trabajo de una larga serie de años. Esfuércense por construir al comienzo sólidos puentes que, en un país de pe-

---

[19] Nove, op. cit., p. 94.

queños campesinos, lleven al socialismo a través del capitalismo de Estado, no basándose directamente en el entusiasmo, sino en el interés personal, en la ventaja personal, en la autogestión financiera, valiéndose del entusiasmo despertado por la gran revolución. De otro modo no se acercarán al comunismo, no llevarán a él a decenas y decenas de millones de personas. Eso es lo que nos ha enseñado la vida, lo que nos ha enseñado el desarrollo objetivo de la revolución.[20]

Sin embargo, parece que este «adelanto» fue más una consecuencia de los factores objetivos impuestos a la revolución socialista desde el exterior que un resultado del subjetivismo y la falta de experiencia por parte de las y los bolcheviques. Como subrayó el propio Lenin: «el comunismo de guerra» nos fue impuesto por la guerra y la ruina. No era, ni podía ser, una política que correspondiera a las tareas económicas del proletariado. Fue una medida temporal».[21] Esta «medida temporal», diseñada con el objetivo específico y limitado de defender el socialismo contra la agresión extranjera y la guerra, logró sus objetivos políticos y militares. Sin embargo, su falta de correspondencia con las «tareas económicas del proletariado» dictó que el modelo fuera abandonado inmediatamente después de alcanzar sus objetivos. Y esto es lo que realmente ocurrió.

## La «Nueva Política Económica» (NEP) (1921-1928)

De la misma forma en la cual el «comunismo de guerra» fue concebido como una respuesta contra la agresión imperialista y la guerra civil, la NEP fue formulada con el objetivo de aliviar a la sociedad de la crisis económica resultante del «comunismo de guerra». Desde el punto de vista de las y los bolcheviques, y del propio Lenin, este «paso atrás» era un avance hacia la

---

[20] V. I. Lenin, *Obras Completas*, Editorial Progress, Moscú, 1977, volumen 33, p. 58.
[21] Dobb, op. cit., p. 123.

coexistencia con el capitalismo, y la utilización de la plusvalía generada para revertir el fuerte declive en la producción industrial y agrícola.

Desde el punto de vista económico, el elemento más significativo de la NEP fue el esfuerzo por mezclar el socialismo con la economía de mercado. Sobre esta base, la dirección de la producción agrícola se relegó a las propias agriculturas y agricultores, y la gestión del sector industrial se dejó principalmente en manos del sector privado con la excepción de las industrias pesadas, el transporte, la banca y el comercio exterior. Se abolió el monopolio estatal sobre el comercio y la distribución, y esta función se relegó de nuevo al mercado. En 1923 cerca del 90 % de los establecimientos comerciales minoristas, que gestionaban más del 75 % de todo el comercio minorista, estaban privatizados.[22]

El papel del Estado se limitaba a proporcionar una «orientación general» a la economía mediante el control de las industrias básicas y a influir en las tendencias económicas a través de las políticas fiscales. El dinero, como medio de intercambio, volvió a ser reconocido. Los intercambios monetarios entre empresas estatales sustituyeron a los intercambios efectuados por la contabilidad. En 1921 el Banco del Estado reabrió con el objetivo de «promover el crecimiento económico». El banco eliminó todas las restricciones a los depósitos privados y el gobierno anunció que todos los depósitos privados en el Banco del Estado serían inmunes a la confiscación.

En el sector industrial, todas las empresas económicas con menos de 20 empleadas o empleados fueron devueltas al sector privado; algunas fueron devueltas a sus propietarios originales y otras arrendadas a las empresarias y empresarios privadas emergentes. Las industrias pesadas, el 98 % de ellas de propiedad estatal, también experimentaron cambios importantes. A

---

[22] *Ibídem*, p. 143.

excepción de la energía, el metal, el ejército, el transporte, la banca y el comercio exterior, el resto se entregó a grandes «fideicomisos» que gozaban de total independencia económica y que, al igual que sus homólogos del sector privado, actuaban según el principio de maximización de beneficios. En cuanto a su producción, estos «fideicomisos» no tenían ninguna obligación con el Estado, cuyo único vínculo con ellos era la recaudación de impuestos. El Estado se limitaba a firmar contratos con los «fideicomisos» para comprar sus productos. En 1923 se habían establecido 478 «fideicomisos» de este tipo que, en conjunto, empleaban a más del 75 por ciento de todas las trabajadoras y trabajadores de las industrias nacionalizadas.[23] Incluso las industrias financiadas por el Estado recibieron la orden de operar sobre la base de la plusvalía y eliminar su necesidad de recibir subsidios estatales.

En la agricultura esta tendencia a la privatización se puso en práctica a un ritmo mucho más rápido. De hecho, la columna del modelo de la NEP era nuevamente ganarse al campesinado, que constituía la mayor parte de la mano de obra del país y garantizar su cooperación con el Estado Socialista. Las y los bolcheviques pusieron todo su empeño en evitar una nueva ruptura entre el campesinado y el Estado. Conscientemente, y en contra de sus verdaderos deseos, las y los bolcheviques se mantuvieron alejados de toda política que pudiera enfadar al campesinado. Por ello, se dio vía libre a ellas y ellos para que controlaran sus excedentes de producción, mientras que el Estado se limitó a aplicar un impuesto fijo sobre sus «excedentes netos». Las campesinas y campesinos podían vender sus excedentes en el mercado, como lo haría un empresario privado, y acumular riqueza con sus beneficios. El Estado incluso los permitía arrendar sus tierras y contratar trabajadoras y trabajadores agrícolas.

---

[23] *Ibídem*, p. 135.

Esta política, a la vez de crear los incentivos materiales necesarios para aumentar la producción agrícola también condujo al crecimiento de una capa de agricultores acomodados que se convirtieron en la fuente de graves problemas para el socialismo más adelante en el curso de su desarrollo. A pesar de que Marx se refirió a los agricultores acomodados y semiacomodados como enemigos acérrimos del socialismo, el Estado Socialista se vio obligado, por circunstancias objetivas, a posponer a sus planes socialistas y a hacer serias concesiones económicas al campesinado acomodado a cambio de un rápido crecimiento de la producción agrícola. Estas concesiones llegaron a tener la forma de subsidios directos al sector agrícola. Asimismo, en 1923 el aumento artificial de los precios de los productos agrícolas a expensas del sector industrial trataba el desequilibrio entre el dos sectores económicos principales causado por el «comunismo de guerra», lo cual había provocado un aumento de los precios de los productos industriales y un descenso de los precios de los productos agrícolas, un fenómeno conocido como la crisis de las tijeras.[24]

A pesar de estos retrocesos en las medidas socialistas, la Nueva Política Económica fue un gran éxito estratégico para las y los bolcheviques. Al final de la era del «comunismo de guerra», el nivel de producción en sectores de la industria y el transporte había caído al 20 por ciento de sus niveles preguerra. Las y los comunistas lograron, con la ayuda de la NEP, aumentar la producción hasta su nivel anterior. El crecimiento en la agricultura fue aún más importante. En 1920 la producción había caído al 64 por ciento de su nivel preguerra, pero en 1928 había aumentado al 118 por ciento del nivel de 1920.[25] El gobierno eliminó el déficit

---

[24] Para más información sobre la crisis de las tijeras, véase Gregory y Stuart, op. cit., pp. 57-60.

[25] G. W. Nutter, *The Soviet Economy: Retrospect and Prospect*, en David Abshire y Richard V. Allen, *National Security: Political, Military and Economic Strategies in the Decades Ahead*, Praeger, Nueva York, 1963, p. 165.

presupuestario en 1923-4 y un año más tarde logró un balance positivo. El valor del rublo se estabilizó, e incluso se cambiaba en los mercados internacionales de divisas. Así, la NEP logró sus objetivos económicos especificados.

De la misma forma en la cual el «comunismo de guerra» había alcanzado sus objetivos políticos y militares a costa de la producción económica, la NEP garantizó la reactivación económica a costa de ciertos daños políticos, especialmente en lo que respecta al proceso de construcción socialista. De hecho, la NEP como modelo económico no era un modelo socialista basado en la planificación, sino, como el propio Lenin había subrayado, un modelo de capitalismo de Estado basado en la generación de ganancia. Este modelo no solo condujo a la aparición de capas de nuevos capitalistas en la industria y de agricultores acomodados, sino que también subordinó los objetivos del Estado Socialista de largo plazo a las exigencias de la economía de mercado. Esto fue particularmente evidente en las industrias pesadas y básicas. Mientras que solo las grandes inversiones estatales en la producción podían garantizar el crecimiento del socialismo, el volumen de capital en la industria pesada era un 23 por ciento menos en 1924 que en su punto máximo en 1917. En ese mismo año, la producción total de la industria siderúrgica, que constituía el principal componente de la producción de equipos industriales, se redujo a solo el 23 por ciento del nivel de 1913.[26] En 1926 casi ocho años después del establecimiento del Estado Soviético, la composición de la producción industrial del país era la misma que la de 1912. Mientras que en 1912 el 28 por ciento de la producción manufacturera total del país se destinaba a la industria pesada, en 1926 esta proporción había aumentado a solo el 29 por ciento.[27]

---

[26] Alexander Erlich, *The Soviet Industrialization Debate, 1924-1928*, Harvard University Press, Cambridge, 1960, pp. 105-106.

[27] Paul Gregory, *Socialist and Nonsocialist Industralization Patterns*, Praeger, Nueva York, 1970, p. 28.

En otras palabras, la capacidad industrial del país había crecido solo un uno por ciento, el equipo existente había envejecido y el marco de la NEP no permitía ninguna planificación estratégica en la dirección de avanzar hacia el socialismo.

Además, en 1926 el crecimiento de la producción industrial había alcanzado los límites de la capacidad existente y había comenzado a disminuir. Como resultado, la NEP solo podía continuar sobre la base de un crecimiento del sector agrícola - una política que, sin duda, contradecía los principios económicos del desarrollo socialista. Por tanto, la necesidad de una inversión estatal planificada en la industria pesada era cada vez más evidente. Y esto requería una rápida acumulación de capital a través de la puesta de la plusvalía excedente en la sociedad bajo el control del Estado. La NEP, después de haber alcanzado sus objetivos específicos, tenía que ser sustituida por otro modelo que pudiera servir mejor al objetivo estratégico del desarrollo económico socialista. Esta urgencia se hizo sentir aún más después de que se disipara la esperanza de una revolución proletaria en los países capitalistas de Europa.

## El modelo de la «industrialización rápida» (1928-1945)

Debido a la constatación de esta urgencia, entre 1924 y 1928 se produjeron serias discusiones entre la dirigencia del Partido Comunista sobre el futuro modelo de desarrollo socialista.[28] Hubo tres corrientes distintas en las discusiones. El vocero de la primera, I. A. Preobrazhenski, quien pertenecía al ala izquierda del Partido, sostenía que la acumulación inicial de capital para el desarrollo económico debía lograrse mediante una fuerte reducción del consumo y la transferencia de todo el

---

[28] Para una descripción detallada del debate sobre la industrialización soviética, véase Gregory y Stuart, op. cit. , pp. 66-94.

excedente del sector agrícola al sector industrial. Este modelo se basaba en la premisa del desarrollo desequilibrado de la industria a costa de la agricultura a corto plazo. Sin embargo, a largo plazo, tras la fase inicial de desarrollo industrial, se crearían las condiciones materiales para el desarrollo de la agricultura y se corregirían así los desequilibrios en la evolución sectorial. El supuesto principal de este modelo era que la acumulación inicial de capital tendría que basarse exclusivamente en los recursos internos del país debido a la imposibilidad de ampliar el comercio con los países occidentales.[29]

En el extremo opuesto se encontraba el modelo de desarrollo desequilibrado de la agricultura. Lev Shanin, que pertenecía al ala derecha de la dirección del Partido, era el portavoz de esta corriente. Basándose en la estructura existente del sector agrícola y en la composición de la mano de obra rural, proponía que las inversiones iniciales de capital se hicieran en la agricultura, ya que cada rublo de inversión en la agricultura produciría mayores retornos como en comparación con la industria y, por tanto, garantizaría un mayor índice de desarrollo económico. En consecuencia, el Estado se centraría en aumentar la producción agrícola, exportando el producto excedente de este sector e importando del extranjero la maquinaria requerida por el sector industrial. Evidentemente, el modelo de Shanin se basaba en la premisa de ampliar el comercio con los países capitalistas avanzados.[30]

Frente a estos dos modelos estaba el del «crecimiento equilibrado» propuesto por N. I. Bujarin, el portavoz oficial del ala derecha del Partido. Creía que ambos modelos de desarrollo desequilibrado, ya sea industrial o agrícola, llevarían a la economía de nuevo a la crisis. También argumentaba que una rápida acumulación de capital combinada con una reducción del

---

[29] Gregory y Stuart, op. cit. , pp. 70-74.
[30] *Ibídem*, pp. 74-78.

consumo culminaría en la «hambruna» y destruiría los logros de la NEP. Por ello, insistió en un modelo basado en un ritmo de acumulación y crecimiento mucho más lento que preservara el equilibrio entre los distintos sectores de la economía: entre la industria y la agricultura, y entre las industrias pesadas y las de bienes de consumo. Su modelo se basaba en el mecanismo de una economía de mercado abierta, que promovía el aumento voluntario de la producción por parte de las y los agricultores mediante el aumento del precio de los productos agrícolas, la reducción de los precios de los bienes industriales y la adquisición de tecnología industrial del extranjero.[31]

Lo que finalmente decidió el resultado de este debate de cuatro años fue la creciente preocupación de la dirección del Partido por el incremento del fascismo en Europa y la nueva posibilidad de una agresión militar por parte de los países imperialistas. Esta cuestión se manifestó en varias posiciones adoptadas por la dirección del Partido, y especialmente por Stalin, sobre estas diferentes propuestas. En las primeras etapas del debate, cuando el peligro de agresión extranjera era menos real, la dirección del Partido se inclinó por el modelo de Bujarin y en contra del modelo del ala izquierda.

Sin embargo, a medida que crecía el peligro, se hacía sentir cada vez más la necesidad de industrializar el país con la ayuda de sus recursos internos. El modelo de «crecimiento equilibrado» de Bujarin, que propugnaba un ritmo de crecimiento más lento y una fuerte dependencia del comercio exterior, ya no se ajustaba a esta situación de emergencia. Finalmente, en 1928, el Comité Central del Partido calificó las opiniones de Bujarin y sus seguidores de «delirios derechistas» y declaró su apoyo al modelo de «industrialización rápida». La importancia de los factores externos -es decir, el creciente peligro de agresión imperialista- en esta decisión queda bastante clara en el siguiente

---

[31] *Ibídem*, pp. 78-80.

pasaje del discurso de Stalin en defensa de la adopción del modelo de «industrialización rápida» para la Unión Soviética:

> A veces se pregunta si no se puede amortiguar algo el ritmo, refrenar el movimiento. ¡No, no se puede camaradas! ¡No debe disminuir el ritmo! Al contrario, hay que acelerarlo en la medida de nuestras fuerzas y nuestras posibilidades. Amortiguar el ritmo significa quedarse atrás. Y los que se quedan atrás son batidos. ¡No, no lo queremos! La historia de la vieja Rusia consistía, entre otras cosas, en que era constantemente batida por su atraso. La batieron los Kanes mongoles. La batieron los beyes turcos. La batieron por los señores feudales suecos. La batieron los «panis» polacos y lituanos. La batieron los capitalistas británicos y franceses. La batieron los barones japoneses. Todos la batieron por su atraso: por su atraso militar, por su atraso cultural, por su atraso estadal, por su atraso industrial, por su atraso agrícola....
> De ahí no podamos continuar atrasados....
>
> ¿Queréis que nuestra patria socialista sea derrotada y pierda su independencia? Pues si no lo queréis, debéis acabar con su atraso en el plazo más corto posible....
>
> Marchamos con un atraso de cincuenta o cien años respecto a los países adelantados. En diez años tenemos que salvar esta distancia. O lo hacemos, o nos aplastan.[32]

La realidad demostró la predicción de Stalin. En 1941, menos de una década después de este histórico discurso, la Alemania nazi lanzó una ofensiva militar contra la Unión Soviética con el propósito de aniquilarla por completo. Y solo gracias a la rápida aplicación del modelo de la «industrialización rápida» fue que la Unión Soviética logró construir la infraestructura económica necesaria para derrotar la ofensiva militar de Hitler, defender el socialismo y librar a los pueblos del resto del mundo del mal del fascismo.

Naturalmente, después de haber tomado una decisión tan importante para una rápida industrialización del país con el

---

[32] J Stalin, *The Tasks of the Business Executives*, (Discurso pronunciado en la Primera Conferencia Sindical de Gerentes de la Industria Socialista, 4 de febrero de 1931), en J. Stalin, *ism: Selected Writings*, International Publishers, Nueva York, 1942, pp. 199-200.

fin de «recuperar esta brecha en diez años», el Estado Soviético necesitaba adoptar medidas económicas que hicieran posible la consecución de este objetivo. La planificación económica centralizada era la única medida que podía satisfacer esta necesidad. En esa situación, los métodos descentralizados e indirectos de gestión y control económico, y la confianza en los mecanismos de mercado para lograr el desarrollo económico -mecanismos muy lentos por naturaleza- no habrían podido ser eficaces. Por eso fue que la NEP tuviera que ser sustituida por un modelo de planificación centralizada. Se trataba de una necesidad objetiva e histórica causada no por la libre voluntad de las y los dirigentes soviéticas, sino por el peligro real y creciente de la agresión imperialista desde el exterior.

Así pues, la dirección del PCUS, que había descartado el modelo de crecimiento industrial desequilibrado de Preobrazhenski, y el ala izquierda junto con él, adoptó su modelo de todo corazón y se movilizó para su rápida aplicación. Los principios que regían este modelo eran exactamente los mismos que los expuestos por Preobrazhenski: fuerte reducción del nivel de consumo social; el control total estadal sobre la producción, la distribución y los precios de los bienes y servicios; la transferencia completa de los excedentes de la agricultura al sector industrial; la rápida acumulación de capital en el sector industrial; el énfasis en el crecimiento de la industria pesada en contraposición a las industrias ligeras y de consumo; la rápida transferencia de la mano de obra rural de las granjas a las ciudades y las fábricas; una rápida campaña de alfabetización y educación técnica de la mano de obra; y la estricta dependencia de los recursos internos para el desarrollo económico en contraposición a la dependencia del comercio exterior.

Estos principios se reflejaron en los planes quinquenales del Partido Comunista, el primero de los cuales se adoptó en octubre de 1928. Según el Primer Plan Quinquenal, el volumen de capital fijo de la industria pesada debía duplicarse en cinco años para preparar el terreno para el desarrollo socialista. Por primera vez, el principio socialista de «de cada uno según su capacidad, a cada uno según su contribución» se convirtió en la base de todo el trabajo. Este principio se utilizó también para facilitar la transferencia de la mano de obra entre distintos sectores económicos, así como para fomentar la alfabetización y la especialización. A diferencia del modelo del «comunismo de guerra», que había impuesto una disciplina institucional-militar a la mano de obra, el modelo de la «industrialización rápida» funcionaba sobre la base del trabajo voluntario y el aumento de la productividad laboral mediante incentivos materiales. El nivel de los salarios en la agricultura, los servicios y el sector público se redujo intencionadamente, mientras que los salarios de las trabajadoras y trabajadores de la industria pesada y otros sectores productivos aumentaron drásticamente. Al mismo tiempo, el Estado proporcionó educación gratuita en todas las escuelas y estableció formación técnica gratuita de las trabajadoras y trabajadores en todas las fábricas.

A principios de la década de 1930 Stalin atacó abiertamente las «tendencias igualitarias entre los intelectuales» y rechazó cualquier esfuerzo en la dirección de «identificar el socialismo con el igualitarismo». En su discurso en una conferencia de ejecutivos empresariales celebrada el 23 de junio de 1931 dijo:

La organización defectuosa de los salarios, el defectuoso sistema de tarifas, la nivelación «izquierdista» de los salarios. Para cortar este mal es necesario suprimir la nivelación y acabar con el viejo sistema de tarifas...

Marx y Lenin dicen que la diferencia entre el trabajo calificado y el no calificado existirá aun en la sociedad socialista, incluso después de la desaparición de las clases; que solo en el comunismo habrá de desaparecer esta diferencia y que, por tanto, incluso la sociedad socialista el «salario» debe establecerse según el trabajo y no según las necesidades. Pero nuestros igualitaristas de entre

> los dirigentes de la economía y los sindicatos no están de acuerdo y piensan que esta diferencia ha desaparecido ya en nuestro régimen soviético. ¿Quién está en lo cierto: Marx y Lenin o los igualitaristas? Es de suponer que Marx y Lenin sean quienes tienen razón. Así pues de esto se infiere que quien establezca ahora el sistema de tarifas según los «principios» igualitaristas, sin tener en cuenta la diferencia entre el trabajo calificado y el no calificado, rompe con el marxismo, rompe con el leninismo...
>
> Pero para conseguir trabajadores cualificados debemos dar al trabajador no cualificado un estímulo y una perspectiva de progreso; de ascender a una posición superior. Y cuanto más decididamente emprendamos este camino, tanto mejor. Economizar en este asunto es cometer un crimen, es atentar a los intereses de nuestra industriasocialista.[33]

De acuerdo con estas premisas, la dirección del Partido introdujo un sistema planificado de diferenciación salarial como principio fundamental de la construcción socialista. Se estableció un sistema basado en el nivel de educación, la habilidad, la dificultad del trabajo y la ubicación geográfica. El mecanismo de diferenciación salarial se utilizó como un incentivo material eficaz para que las trabajadoras y trabajadores eligieran su trabajo y aumentaran sus habilidades. En 1934 la diferencia salarial media entre las trabajadoras y trabajadores cualificados y no cualificados había alcanzado la proporción de 4 a 1, y en 1956, antes de que se iniciara la tendencia contraria, se alcanzó la proporción de 8 a 1.[34] En algunos casos, en 1934 por ejemplo, mientras que algunos trabajadores cualificados de la industria pesada recibían salarios mensuales de 1.420 rublos, los salarios de las trabajadoras y trabajadores no cualificados de los sectores no manufactureros no superaban los 50 rublos al mes, una diferencia de 28,3 a 1.[35] Este método de asignación de mano

---

[33] *Ibídem*, pp. 206-207.

[34] Gregory y Stuart, op. cit., pp. 197-198.

[35] A. Bergson, *The Structure of the Soviet Wages*, Harvard University Press, Cambridge 1944, p. 127.

de obra y de aumento de la productividad laboral constituyó la piedra angular del modelo de la «industrialización rápida» durante todo el período de su aplicación.

Los logros del modelo de la «industrialización rápida» en el marco de sus objetivos predefinidos fueron impresionantes y no tienen precedentes históricos. Entre 1928 y 1940 la producción industrial creció a una tasa media anual del 11 %.[36] El capital industrial bruto pasó de 34.800 millones de rublos en 1928 a 75.700 millones de rublos en 1933, 119.000 millones de rublos en 1937 y 170.000 millones de rublos en 1940.[37] La participación de la agricultura en el Producto Nacional Bruto se redujo del 49 % en 1928 al 29 % en 1940, mientras que la participación del sector industrial creció del 28 % al 45 % en el mismo período.[38] Entre 1928 y 1937 la participación de la industria pesada en la producción total del país creció del 31 % al 63 %, mientras que la producción por trabajador en la industria pesada creció del 94 % de las industrias ligeras en 1928 al 140 % en 1933.[39]

Los cambios en la mano de obra también fueron sorprendentes. La proporción de trabajadoras y trabajadores a tiempo completo en la población activa total del país creció del 57 por ciento en 1928 al 70 por ciento en 1937. La proporción de trabajadoras y trabajadores industriales en el total de la fuerza laboral creció a un promedio anual del 8,7 por ciento, aumentando del 18 por ciento del total de la fuerza de trabajo en 1928 al 29 por ciento en 1940.[40] Las mujeres se incorporaron cada vez más a la fuerza de trabajo. Para 1939 el 71 por ciento de todas las mujeres entre 16 y 59 eran de la fuerza laboral.[41] Para el mis-

---

[36] Gregory y Stuart, op. cit. , p. 82.

[37] *Ibídem.*

[38] *Ibídem.*

[39] *Ibídem.*

[40] *Ibídem.*

[41] *Ibídem, p. 206.*

mo año, la tasa de analfabetismo había disminuido del 56 por ciento (1928) al 20 por ciento; y para 1940, más de 14 millones de personas tenían más de un séptimo grado de educación y más de un millón habían terminado la escuela secundaria.[42] El número de graduados de instituciones secundarias especializadas creció rápidamente de 1,3 millones en 1926 a 7,9 millones a finales de la década de 1950.[43] Durante el mismo período, el número de estudiantes universitarios a tiempo completo aumentó en más del 800 por ciento. Según un decreto estatal el 75 por ciento de las y los estudiantes admitidos en los institutos y escuelas técnicas debían proceder de familias trabajadoras o campesinas.

La participación del sector socialista en la economía aumentó considerablemente. Entre 1928 y 1937 la participación de ello pasó del 65,7 al 99,6 por ciento del capital total del país; del 82,4 al 99,8 por ciento de la producción industrial bruta; y del 3,3 al 98,5 por ciento de la producción agrícola bruta.[44]

Paralelamente a esta tendencia, la educación, los servicios sanitarios y la seguridad social fueron declarados gratuitos, y a partir de 1936 se concedieron subsidios estatales a las madres solteras y a las madres con muchos hijas o hijos. El crecimiento del sector socialista coincidió también con el aumento de la proporción de los servicios sociales gratuitos (consumo comunista) en los ingresos totales de las trabajadoras y trabajadores. Los servicios sociales gratuitos, que crecían a un ritmo anual del 15,7 por ciento, se duplicaron entre 1928 y 1940, constituyendo el 10 por ciento del Producto Nacional Bruto.[45] Como resultado, el sector de los servicios sociales gratuitos en los ingresos totales de las trabajadoras y trabajadores creció desde un mínimo del 28 por ciento en 1927 al 34,5 por ciento en 1935 y

---

[42] *Ibídem, p. 208.*

[43] *Ibídem, p. 209.*

[44] *Ibídem, p. 83.*

[45] *Ibídem.*

a más del 38 por ciento en 1944. En 1944 cada trabajador de la Unión Soviética recibía, además de su propio salario, una cantidad cercana al 40 por ciento de este salario del fondo de consumo nacional (comunista) de forma gratuita.[46] Y estos avances fueron en la época cuando el Estado buscaba conscientemente limitar el consumo social.

Naturalmente, no se podía lograr estos tremendos objetivos en un periodo de tiempo tan corto sin algunos sacrificios. Algunos de ellos fueron conscientemente planificados e incorporados al propio modelo de la «industrialización rápida». Por ejemplo, el crecimiento medio anual de la producción agrícola entre 1928 y 1940 fue de solo el uno por ciento, y la mano de obra empleada en este sector disminuía a un ritmo promedio del 2,5 por ciento anual, reduciendo la participación de la agricultura en el total de la mano de obra del 71 por ciento en 1928 al 51 por ciento en 1940.[47] Este fue el resultado directo de la política de diferencias salariales destinada a la transferencia voluntaria de la mano de obra de las zonas rurales a los centros industriales. Sin embargo, la productividad del trabajo en la agricultura creció un 17 por ciento durante el mismo periodo.[48] Además, para limitar el consumo social, el Estado elevó los precios de los bienes de consumo fuertemente, con la excepción de los productos de primera necesidad. Entre 1928 y 1937 los precios de los bienes de consumo y agrícolas aumentaron un 700 % y un 539 % respectivamente. Como resultado, la proporción del consumo de los hogares en el Producto Nacional Bruto cayó del 80 por ciento en 1928 al 53 por ciento en 1937 y luego al 49 por ciento en 1940.[49]

---

[46] Janet Chapman, *Real Wages in Soviet Russia Since 1928*, Harvard University Press, Cambridge, 1963; Tabla 20: Soviet Statements on Benefits as a Contribution to Wages, p. 140.

[47] Gregory y Stuart, op. cit. , p. 83.

[48] *Ibídem.*

[49] *Ibídem.*

Por otra parte, la planificación centralizada de la producción y distribución de miles de bienes producidos socialmente en un país que cubre una sexta parte de la superficie de la tierra no era una tarea fácil. El Primer Plan Quinquenal estableció la cantidad de producción y los patrones de distribución de unos 900 productos básicos que debían producir el sector socialista de la economía. Este número aumentó en los siguientes planes quinquenales a 3.000 y luego a 10.000, 30.000 y 200.000 en los planes posteriores. Evidentemente, una planificación tan amplia de la producción y la distribución requería una enorme capacidad de cálculo. Según un estudio,

[El] número de interrelaciones entre los objetos de la planificación económica crece en proporción al cuadrado del número de objetos. Por ejemplo, al elaborar el plan de la industria soviética de construcción de maquinaria, que produce 125.000 tipos de productos, el planificador debe tener en cuenta más de 15.000 millones (es decir, 125.000 x 125.000) de relaciones entre estos diversos productos. Tampoco es el fin ... una sola mercancía producida en un centenar de establecimientos de producción puede conllevar más cálculos y decisiones que un centenar de productos elaborados en uno solo.... Por ejemplo, un radioespectrómetro moderno, un aparato relativamente sencillo, consta de 264 componentes producidos por 150 fábricas distintas....

No es de extrañar que se diga que los planificadores soviéticos se están ahogando en «un océano de papel».[50]

A mediados de la década de los treinta, este problema se manifestaba cada vez más en la escasez o el exceso de producción debido a los errores de cálculo, lo que planteaba la necesidad de descentralizar la planificación económica al nivel

---

[50] Para una descripción detallada de la creciente complejidad de la planificación central socialista en la Unión Soviética y las diversas propuestas de descentralización de la planificación económica durante la década de 1930, véase, por ejemplo Leon Smolinski y Peter Wiles, *The Soviet Planning Pendulum*, en George R. Feivel, ed., *New Currents in Soviet Type Economies*, International Textbook Company, Scranton, Pennsylvania, 1969, pp. 296-315.

de las repúblicas. Sin embargo, a pesar del reconocimiento de la necesidad de la descentralización por parte de la dirigencia soviética, la amenaza de la agresión imperialista y los efectos negativos de la descentralización sobre la preparación militar del país bloquearon dichas reformas.

Sin embargo, con el continuo crecimiento del socialismo, la necesidad de una tecnología informática avanzada se hizo sentir cada vez más hasta el punto de convertirse en una necesidad estratégica. No solo la Unión Soviética, sino ningún otro país podría haber abordado esta cuestión en solitario. Pero los países imperialistas, reconociendo la necesidad crítica del socialismo de tecnología informática avanzada, impusieron una estricta prohibición internacional a la transferencia de todo tipo de tecnología informática a la Unión Soviética y convirtieron esta política en un elemento central y estratégico de su bloqueo económico contra la URSS. Hasta el momento del desmantelamiento del Estado Soviético en 1992, todos los países imperialistas siguieron ferozmente y con asiduidad esta política estratégica que desempeñó un papel crucial en la interrupción de la planificación económica socialista en la URSS durante las últimas décadas.

Sin embargo, los problemas no eran solo económicos. La colectivización de la producción agrícola y la expansión de la propiedad pública en ese sector del 3,3 % al 98,5 % en menos de una década generaron dura resistencia por parte de las y los agricultores acomodados que habían prosperado enormemente durante el periodo de la NEP. Desde el punto de vista del Estado Socialista, la clave del éxito del modelo de la «industrialización rápida» era el control del Estado sobre el excedente de producto en la agricultura, y la resistencia de las y los agricultores ricos podía provocar fácilmente la derrota de todo el modelo. Por eso el Estado adoptó la política de colectivización forzosa y actuó con rapidez y decisión para suprimir toda oposición a este proyecto. Los excesos cometidos por el Estado Socialista en la aplicación de esta política tuvieron profundas y graves ramificaciones negativas para la unidad de las y los obreros y campesinos, creando dificultades tanto políticas como populares para el Estado. Las verdaderas dimensiones históricas y los métodos utilizados en esta supresión han sido objeto de un serio debate durante mucho tiempo, y el juicio sobre este asunto requiere una investigación histórica más profunda. Sin embargo, está bastante claro que la colectivización de la producción agrícola constituyó un componente integral del modelo de «industrialización rápida» y, por tanto, sus efectos secundarios deben analizarse en el marco de los objetivos fijados para el modelo en su conjunto.

Además, en un intento de silenciar toda oposición a la «industrialización rápida» del país, se inició un proceso similar dentro del propio Partido Comunista. Cualquier forma de oposición se interpretó como un esfuerzo por disminuir la disposición del país a enfrentarse a una inminente agresión imperialista. Muchos de los distinguidos líderes del Partido Comunista que desempeñaron un papel clave en la victoria de la Revolución de Octubre fueron acusados de traición y espionaje para el imperialismo y fueron condenados a muerte o a prisión. Aunque muchos de estos dirigentes fueron rehabilitados posteriormente, estas represiones dejaron una huella duradera en el Partido y allanaron el camino para el posterior desarrollo de muchas tendencias negativas dentro de ello.

Sin embargo, podemos atrevernos a decir que el efecto secundario más importante y duradero del modelo de «industrialización rápida» fue oscurecer y confundir los límites lógicos e históricos entre las estructuras y responsabilidades del Partido Comunista y las del Estado Socialista. La necesidad de guiar el proceso de industrialización rápida del país en la práctica obligó a las y los comunistas a asumir las responsabilidades ejecutivas del Estado, incluso en los niveles más bajos, y a convertirse en los cuidadores de los asuntos estadales en el día a día. Esto tuvo graves efectos en el papel del Partido, así como en sus estructuras internas, y fue decisivo para la formación de la política del Partido en los siguientes períodos de construcción socialista en la Unión Soviética. La continuidad en los siguientes períodos de esta permutación de estructuras y responsabilidades del Partido y del Estado, aunque en gran medida era inevitable desde un punto de vista objetivo e histórico durante el período de la «industrialización rápida», se convirtió en una de las causas de la crisis del socialismo. Los factores subjetivos de la crisis se analizan en la Parte III.

## 3. El impacto destructivo de la agresión fascista

La agresión militar de la Alemania fascista contra la Unión Soviética y la ocupación de parte del territorio que se produjo con la instigación y el acuerdo implícito de otras potencias imperialistas, destruyó gran parte de los avances socialistas conseguidos durante la década de 1930. Más de 20 millones de personas de la Unión Soviética, gran parte de la mano de obra del país y sus ciudadanas y ciudadanos más revolucionarios, perecieron en la guerra contra el fascismo. Las fuerzas de ocupación alemanas saquearon 1.710 ciudades y pueblos de la zona del país más industrializada, e incendiaron más de 70.000 aldeas rurales; mientras 32.000 unidades industriales y 65.000 kilómetros de vías férreas fueron arruinados. 98.000 cooperativas y casi 5.000 empresas agrícolas estatales, estaciones de tractores y maquinaria agrícola fueron saqueadas. Decenas de miles de hospitales, colegios, escuelas de arte, institutos de enseñanza superior y bibliotecas quedaron completamente destruidos. En total, los daños de la invasión fascista de la Unión Soviética fueron por encima de 2,6 billones de rublos, de los cuales 680.000 millones fueron en daños materiales.[51]

Ningún país en ninguna guerra de la historia de la humanidad ha sufrido tantas bajas y tantos daños. La Unión Soviética ya había sufrido grandes daños durante la guerra civil y tardó más de seis años, de 1921 a 1928, en recuperarse. Sin embargo, la destrucción de la invasión fascista no podía compararse con nada. Con la devastación de la infraestructura industrial y agrícola del país hasta las limitadas facilidades de consumo que existían se habían disipado. La gente se enfrentaba a graves dificultades para satisfacer sus necesidades básicas: alimentos, ropa, calzado, vivienda, salud, combustible, etcétera. El principio de la distribución socialista se desbarató y el Estado se vio obligado a restablecer el mecanismo de racionamiento de la época del «comunismo de guerra». El Partido, el Estado y los heroicos pueblos de la Unión Soviética tuvieron que comenzar el difícil camino ya recorrido una vez de nuevo. Y, una vez más, tuvieron que recorrer el camino sin ninguna ayuda del exterior y confiando únicamente en sus propios y limitados recursos internos. El proceso de construcción socialista sufrió un retroceso de más de diez años y tuvo que volver a empezar desde el punto en que se encontraba al inicio del modelo de la «industrialización rápida» diez años atrás.

El sistema socialista, que había demostrado su enorme fuerza durante la guerra, volvió a demostrar su poder constructivo. El Cuarto Plan Quinquenal alcanzó sus objetivos en cuatro años y tres meses. En dos años y medio las industrias del país se revivieron. Más de 6.000 grandes complejos industriales, equivalentes al primer y Segundo Plan Quinquenal juntos, fueron reconstruidas y volvieron a operar. En 1948 el volumen de la producción industrial superó el de la preguerra y, en 1950, su-

---

[51] *History of the Communist Party of the Soviet Union*, Foreign Languages Publishing House, Moscú, 1960, p. 614.

peró el nivel de la preguerra en un 73 %. Ese mismo año, la productividad del trabajo en la industria era un 37 % superior a su nivel de 1940.[52]

La reconstrucción de la agricultura fue aún más difícil, especialmente debido a la sequía de 1946. Después de la guerra en 1945 la superficie del país cultivada era un 25 % inferior a la de 1940. Las reservas gubernamentales de granos, algodón y carne se habían reducido a la mitad y las de leche a un tercio de las cantidades disponibles el año anterior a la guerra. Debido a las bajas de la guerra había mucho menos trabajadoras y trabajadores en condiciones para laborar en las granjas, especialmente porque una gran parte de la mano de obra rural fue atraída a las ciudades para reconstruir las industrias. No obstante, las fábricas de tractores se reconstruyeron rápidamente y, en 1950, la producción agrícola alcanzó los mismos niveles de antes de la guerra con la ayuda de una mano de obra más reducida pero con un mejor apoyo material y técnico.[53]

Apoyándose en el modelo de la «industrialización rápida», la Unión Soviética logró reconstruir su infraestructura industrial y agrícola y reparar los daños de la guerra a mediados de los años cincuenta. El Partido Comunista y el Estado Soviético, en las condiciones más difíciles, habían transformado la URSS en un país industrial avanzado en un corto período de tiempo. En un período de menos de tres décadas, entre 1928 y 1956, la producción industrial del país había crecido anualmente a un promedio de 12,7 % y había alcanzado un nivel 770 % mayor que en 1928; el Producto Nacional Bruto había crecido a una tasa anual de más del 15 % (10 % según algunos estudios occidentales); se eliminó el analfabetismo; se proporcionó asistencia sanitaria y educación gratuitas a todas y todos; e incluso, según admiten los economistas occidentales, la producción de bienes

---

[52] *Ibídem*, p. 675.

[53] *Ibídem*, pp. 677-678.

de consumo había crecido a un promedio anual del 5,8 % a pesar de los esfuerzos planificados del Estado para limitar el consumo social.[54] Pero a pesar de todos estos logros, la destrucción que causó la invasión fascista retrasó innegablemente el proceso de construcción socialista en la Unión Soviética durante más de una década. Este retraso de diez años había debilitado la posición relativa de la Unión Soviética frente a los países capitalistas avanzados, especialmente frente al poder emergente del imperialismo estadounidense, que había sufrido mínimos daños en el transcurso de la guerra.

La heroica victoria de la Unión Soviética en la guerra contra el fascismo y el impresionante éxito del socialismo en la reconstrucción de los daños de la guerra en un corto período de tiempo crearon un gran respeto moral y autoridad para el Partido Comunista y el Estado Soviético entre la clase obrera y el pueblo de la URSS como en los pueblos del mundo. A pesar de todos los problemas restantes, el apoyo del pueblo y de la clase obrera de la Unión Soviética al Partido Comunista y al Estado Socialista había alcanzado niveles sin precedentes. Esta autoridad moral y este respeto, más que cualquier otro factor, provocaron un gran temor entre las potencias imperialistas que habían centrado sus esfuerzos en derrotar al socialismo durante las últimas décadas.

## 4. La Guerra Fría y la carrera armamentística

La explosión de las bombas atómicas sobre Hiroshima y Nagasaki por parte del imperialismo estadounidense y la aniquilación de cientos de miles de vidas inocentes fue menos un medio para forzar al imperialismo japonés a la rendición mi-

---

[54] Gregory Grossman, *Thirty Years of Soviet Industrialization*, en George R. Feiwel, op. cit., pp. 43-44.

litar que una advertencia militar a la Unión Soviética y una señal para el comienzo de la Guerra Fría contra el socialismo. Durante la Segunda Guerra Mundial, el imperialismo estadounidense, al otro lado del océano y lejos del impacto directo de la guerra, estaba ocupado armándose con armas nucleares mientras la Unión Soviética se enfrentaba a la destrucción de sus recursos materiales y humanos. La disparidad militar resultante del desarrollo de armas nucleares por parte de los Estados Unidos fue utilizada por este y otras potencias imperialistas como medio para poner de rodillas al debilitado Estado Socialista. Con este fin, emplearon a muchos de las expertas y expertos alemanes en armas nucleares que participaron en la aniquilación de millones de personas por el régimen fascista en lugar de castigarlos y encarcelarlos.

La imposición de la Guerra Fría por parte de los gobiernos imperialistas, especialmente de los Estados Unidos, con el objetivo de destruir el Estado Socialista, se convirtió en una larga, prolongada y desastrosa carrera armamentística para el socialismo. La necesidad de hacer frente a la amenaza nuclear del imperialismo obligó a la Unión Soviética a emprender un programa de construcción masiva de armas que absorbió una gran parte de sus limitados recursos. Para el capitalismo la producción de armas era una fuente natural de acumulación de capital y de superganancias para la clase dominante. Pero para el socialismo, la producción de armas era un esfuerzo dañino y destructivo que solo tragaba los recursos necesarios para la construcción socialista, actuando como una enorme fuga del fondo de consumo comunista de la sociedad.

Como resultado de la carrera armamentística, las inversiones en tecnología moderna se trasladaron principalmente a las industrias militares, obstaculizando el desarrollo tecnológico en el sector civil de la economía. Este fenómeno, a su vez, limitó el crecimiento de la producción no militar y la capacidad del sistema para mejorar la calidad de vida de las trabajadoras y trabajadores, reduciendo el atractivo del socialismo frente al capitalismo.

Esta situación impuesta al socialismo desde el exterior se convirtió en un eficaz instrumento de propaganda antisocialista en manos de las potencias imperialistas. La campaña ideológica del capitalismo contra el socialismo adoptó una forma nueva y cada vez más compleja. Los pueblos de la Unión Soviética y de otros países socialistas fueron constantemente bombardeados por la propaganda antisocialista y procapitalista a través de «Radio Europa Libre» y otros medios similares como la televisión, los satélites, los periódicos y las revistas, e incluso las y los turistas occidentales, entre los que habían muchos agentes y provocadores a sueldo. La propaganda capitalista ponía en tela de juicio la credibilidad de conceptos como la propiedad pública y la solidaridad internacional de la clase obrera, así como el nivel de bienestar social en los países socialistas. Al mismo tiempo, las potencias imperialistas utilizaban todos sus esfuerzos para sabotear directamente y crear estragos en los países socialistas, desde la Unión Soviética hasta China, la República Democrática Alemana y Cuba.

La propaganda de la Guerra Fría y la campaña militar del imperialismo contra el socialismo formaban parte de un plan de agresión cuidadosamente planificado y financiado internacionalmente, lo cual los gobiernos socialistas no podían contrarrestar eficazmente con sus limitados recursos. A este respecto, basta con tomar nota del hecho de que, a pesar de su enorme crecimiento económico, el Producto Nacional Bruto de la Unión Soviética en 1971 era solo el 55 % del de los Estados Unidos. Solo después de la caída de los Estados Socialistas de la Unión Soviética y de otros países de Europa del Este se reveló que, durante la Guerra Fría, solo el gobierno de los Estados Unidos había contratado a decenas de miles de agentes y gastaba más de 15.000 millones de dólares anuales en espionaje y otros actos destructivos contra la Unión Soviética.[55]

El fuerte gasto impuesto por la Guerra Fría y la carrera armamentística tuvo graves efectos negativos en el desarrollo del socialismo. La tasa de crecimiento de la economía soviética se redujo en comparación con la época anterior a la guerra. La tasa de crecimiento anual se redujo de un promedio de 15 % en los años 40, al 10 % en los años 50 y al 6,7 % entre 1960 y 1972. La tasa de crecimiento de la economía soviética siguió siendo de un promedio anual de 8,3 % entre 1950 y 1972, que era más del doble que la de los Estados Unidos durante el mismo periodo.[56] Sin embargo, dada la diferencia cualitativa entre los dos sistemas económicos -especialmente la gran responsabilidad que tenía el Estado Socialista de satisfacer las necesidades básicas de todos sus ciudadanas y ciudadanos (una responsabilidad que no existe para el Estado capitalista), y la tarea histórica de garantizar un crecimiento ininterrumpido del sector comunista de la economía- una caída tan continua de la tasa de crecimiento económico solo podía significar problemas para el sistema socialista.

En consecuencia, la ralentización del crecimiento económico, combinada con la campaña de propaganda antisocialista del imperialismo y sus incesantes sabotajes, creó el terreno material para la profundización de la crisis y su elevación al nivel político. Pero la existencia de factores objetivos no podía significar por sí sola el fin del camino y la derrota del régimen socialista. El Partido Comunista y el Estado Socialista, en diferentes etapas y en condiciones mucho más duras como ocupación militar, atraso social, caída del nivel de producción, agresión fascista, etcétera, habían superado las crisis adoptando medidas

---

[55] Victor Perlo, *The Economic and Political Crisis in the USSR*, Political Affairs, agosto de 1991, p. 12.

[56] Gregory y Stuart, op. cit. , cuadro 25: *Long-term Growth of GNP in the USSR and USA*, p. 378.

apropiadas y modelos socioeconómicos adecuados. Lo que hizo que la crisis alcanzara un nivel político esta vez fueron los errores subjetivos cometidos por el Partido y el Estado Socialista al tratar estos factores objetivos y externos, y sus desviaciones de los principios teóricos fundamentales del socialismo científico en sus esfuerzos por concebir nuevos modelos socialistas adecuados para el avance de la sociedad hacia el comunismo.

# Tercera parte

# Los factores subjetivos/ internos que contribuyeron a la crisis del socialismo

Los impresionantes logros del socialismo a lo largo de tres décadas en las condiciones históricas objetivas e internacionales más difíciles y desfavorables, no solo demostraron la inmensa capacidad del socialismo para hacer avanzar la sociedad humana a escala mundial, sino que también ilustraron el importante y crítico papel del Partido Comunista en el trazado del camino hacia el comunismo. La victoria del socialismo sobre el atraso y el fascismo así como la incorporación de otros once países al campo socialista tras la Segunda Guerra Mundial, no solo no redujeron las responsabilidades del Partido Comunista y del Estado Soviético, sino añadieron nuevos conjuntos de responsabilidades internas e internacionales a la difícil tarea de construir el socialismo bajo el asedio del capitalismo. A partir de entonces la Unión Soviética tuvo que asumir la responsabilidad de prestar asistencia económica y política a los nuevos países socialistas, además de su tarea original de garantizar el desarrollo del socialismo dentro de sus propias fronteras. Esto generó una carga económica mucho más pesada para la URSS y requirió un nuevo aumento en la cantidad y la calidad de la producción económica, mejoras adicionales en la productividad del trabajo y un drástico incremento de la riqueza social del país.

Al mismo tiempo, el modelo desequilibrado de la «industrialización rápida», a pesar de todos sus enormes logros, tuvo consecuencias económicas y políticas específicas, cuya continuación podría dañar gravemente el proceso de construcción socialista. De hecho, algunas de estas consecuencias negativas ya habían dejado su huella, lo que obligaba a introducir cambios funcionales en el modelo de desarrollo socialista existente.

Desde el punto de vista económico, el sector agrario se encontraba en una situación desesperada. La producción agrícola durante este periodo había crecido solo el uno por ciento anualmente de promedio. El campesinado, sobre todo los de las cooperativas, tenían un nivel de vida deficiente. En 1950 sus ingresos medios eran menos de 10 % de las trabajadoras y trabajadores de las fincas estatales y el 5 % de las trabajadoras y trabajadores industriales urbanos.[57] La producción agrícola no era suficiente para satisfacer la creciente demanda de las y los habitantes de las ciudades.

Por otra parte, la concentración a largo plazo en la industria pesada y la falta de crecimiento de las industrias ligeras y de consumo habían provocado una escasez de bienes de consumo. Esto afectaba a la producción cada vez más, especialmente en las industrias pesadas. Los elevados salarios pagados a las trabajadoras y trabajadores de la industria pesada habían aumentado su poder adquisitivo drásticamente, pero la falta de bienes de consumo había imposibilitado el gasto de estos mayores ingresos. El incentivo para trabajar más y mejor en busca de mayores ingresos había perdido su sentido para las trabajadoras y tra-

---

[57] G. E. Shroeder y B. S. Severin, *Soviet Consumption and Income Policies in Perspective*, en *Soviet Economy in a New Perspective: A Compendium of Papers Submitted to the Joint Economic Committee, Congress of the United States*, 14 de octubre de 1976, p. 629.

bajadores, afectando negativamente a la productividad laboral en el sector industrial. Además, el énfasis en el aumento cuantitativo del volumen de la producción industrial durante varias décadas, aunque fuera por necesidad, había dejado un impacto negativo en la calidad de las mercancías. En consecuencia, la mejora de la calidad de las mercancías se había convertido en una de las exigencias esenciales de la época.

El rápido crecimiento económico también había creado una infraestructura más diversa y compleja para la economía socialista, haciendo su gestión mucho más difícil. Hasta ese momento el crecimiento industrial se había basado básicamente en el aumento de la producción mediante el crecimiento cuantitativo de la inversión y el traslado de la mano de obra de las zonas rurales a las ciudades. Sin embargo, la necesidad de aumentar la tasa de rendimiento de las inversiones y de mejorar la productividad de la mano de obra existente se había vuelto cada vez más crítica. El conjunto de estos factores exigía la adopción de nuevos tipos de métodos de planificación y gestión económica.

El modelo de la «industrialización rápida» tenía también ciertas negativas consecuencias políticas, cuya eliminación se había convertido en algo crítico para el desarrollo del socialismo. La colectivización forzada de la agricultura y las supresiones que siguieron a esta política, junto con el reducido nivel de los salarios agrícolas durante un largo periodo de tiempo, habían dañado gravemente la unidad entre la comunidad obrera y la campesina. Además, los métodos administrativos utilizados para planificar la producción habían estimulado la burocracia y facilitado la aparición de una capa tecnocrática cada vez mayor dentro del propio Estado. Y, lo que es más grave, este proceso había engullido al Partido Comunista en los procesos burocráticos del Estado. La democracia socialista se había limitado en gran medida y el nivel de participación de las masas en los procesos de toma de decisiones se había reducido.

La democracia en el seno del Partido se vio mermada por muchas razones objetivas, especialmente por la guerra. El Congreso del Partido no se convocó durante más de trece años (de 1939 a 1952), y en general el liderazgo individual había sustituido al liderazgo colectivo. Significativamente, las líneas de demarcación entre las estructuras y responsabilidades del Partido Comunista y las del Estado Socialista se habían desvanecido y los signos de corrupción burocrática y de abuso de poder y de posición entre las y los comunistas a cargo del aparato estatal eran cada vez más evidentes.

Estos factores, así como muchos otros, exigían cambios fundamentales en el modelo socioeconómico del socialismo, así como en los métodos de dirección de la sociedad. El Partido Comunista, en su XX Congreso celebrado en febrero de 1956 casi cuatro años después de la muerte de Iósif Stalin, abordó estas cuestiones. Pero, desgraciadamente, las soluciones propuestas y los modelos adoptados por el XX Congreso en lugar de resolver los problemas del pasado se convirtieron en un nuevo caldo de cultivo para problemas más graves que finalmente culminaron en una crisis para el socialismo. Fue la primera vez que el Partido, no por la fuerza de factores objetivos/externos que residían fuera de su control, sino por su propia voluntad y por sus propios errores subjetivos, adoptó ciertas políticas que aumentaron las dificultades del proceso de construcción socialista en la Unión Soviética.

## 1. El modelo de «crecimiento rápido del consumo» y los motivos de la crisis económica

El 20 Congreso del Partido Comunista situó la resolución sobre los problemas económicos y políticos derivados del modelo de la «industrialización rápida» correctamente en primer lugar de su agenda. Incluso antes del Congreso, la dirección del Partido había hablado de haber «puesto al descubierto graves deficiencias en el Partido, el Estado y las actividades económicas» durante el Pleno del Comité Central de julio de 1953. Había atribuido esta «gran irregularidad» a «la violación de las normas leninistas sobre la vida del Partido y de los principios de dirección bolchevique, como consecuencia del culto a la personalidad», así como a la falta de «dirección colectiva, o de crítica y autocrítica adecuadas, en la actividad del Comité Central y de su Buró Político». El mismo Pleno del Comité Central había constatado también que se habían producido «graves violaciones de la legalidad socialista» por parte de algunos «aventureros» con el fin de debilitar «al Partido y a su dirección» y al «gobierno de la URSS», había tomado decisiones apropiadas para corregir la situación. Además, en sus plenos de septiembre de 1953, junio de 1954 y enero de 1955, el Comité Central había «evaluado críticamente» el «estado de la agricultura» y había atribuido el «retraso» de la economía rural a «razones objetivas y subjetivas», entre ellas a la «dirección ineficaz», a la «indebida centralización de la planificación» y a las «violaciones del principio leninista de dar a la agricultura colectiva incentivos materiales para aumentar la producción agrícola». El Pleno del Comité Central de julio de 1955 también había enfatizado la necesidad de asegurar «una nueva y poderosa expansión de la industria mediante una mejor organización de la producción y la introducción de los últimos avances de la ciencia y la tecnología». Declaró que el «progreso técnico en la industria» era «un medio importante para acelerar el desarrollo económico del país, elevar la productividad del trabajo y proporcionar una base material y técnica para el comunismo».[58]

Sin embargo, el XX Congreso abordó los fenómenos polí-

---

[58] *History of the Communist Party of the Soviet Union*, Foreign Languages Publishing House, Moscú, 1960, pp. 653-663.

ticos negativos de manera superficial y formal. Atribuyó todos esos fenómenos -la ruptura de la dirección colectiva y otros aspectos del principio del centralismo democrático, el crecimiento de la burocracia en los órganos del Estado, el arribismo, el abuso de poder y de posición por parte de las y los cuadros y dirigentes del Partido, y las violaciones de los principios de la democracia socialista en toda la sociedad- simplemente al «culto a la personalidad» de Stalin. No se intentó encontrar las raíces estructurales de estos fenómenos, especialmente en lo que se refiere al desvanecimiento de las líneas de demarcación entre los órganos del Estado y del Partido o al crecimiento de las tendencias burocráticas dentro del propio Partido. Aunque se aprobaron resoluciones sobre la «superación del culto a la personalidad y sus consecuencias» para garantizar que «no vuelvan a surgir fenómenos de este tipo en el Partido y en el país»,[59] la falta de un planteamiento fundamental sobre la estructura de las raíces de estos problemas impidieron al Partido llegar a una solución de principios. Como demostró la evolución posterior, este intento poco entusiasta en realidad dejó las puertas abiertas para un mayor crecimiento de estos fenómenos negativos tanto en el Partido como en el Estado. Atribuir todos estos fenómenos negativos al «culto a la personalidad de Stalin» también proporcionó a las enemigas y enemigos del socialismo una oportunidad dorada para llevar a cabo sus campañas anticomunistas bajo el disfraz de ataques personales a Stalin.

Sin embargo, más decisivo que esto fue el modelo económico adoptado en gran parte (pero no totalmente) en acuerdo con las directrices del 20 Congreso. El Congreso dio el siguiente marco general para el Sexto Plan Quinquenal de desarrollo económico nacional de la URSS para el período 1956-60:

— seguir dando prioridad al desarrollo de la industria pesada:

---

[59] *Ibídem*, p. 670.

la metalurgia ferrosa y no ferrosa, las industrias del petróleo, el carbón, la química y la ingeniería;

— poner en práctica de manera consecuente los mandatos de Lenin sobre la electrificación del país... y mejorar en todos los sentidos la industria de la construcción para que pueda satisfacer todas las exigencias de la construcción de capital en la industria, de la construcción de viviendas y de la edificación de equipamientos culturales y de otro tipo..;

— aprovechar al máximo los ricos recursos naturales del país, explotar nuevas fuentes de materias primas, combustibles y energía eléctrica..;

— trabajar persistentemente para acelerar el progreso técnico: introduciendo en la industria los últimos avances de la ciencia y la tecnología..;

— perfeccionar la organización de la producción mediante una mayor especialización y coordinación de las fábricas;

— acelerar el ritmo de producción de bienes de consumo..;

— seguir avanzando sin descanso en la agricultura, completar la mecanización integral de toda la producción agrícola en el plazo más breve posible...;

— lograr una mayor elevación del nivel de vida del pueblo: aumentar los salarios reales de las trabajadoras y trabajadores industriales, profesionales y de oficina, principalmente de los grupos mal pagados, aumentar los ingresos de las agriculturas y agricultores colectivos, reducir gradualmente la jornada laboral de las trabajadoras y trabajadores industriales, profesionales y de oficina sin reducir los salarios, aumentar las pensiones y llevar a cabo otras mejoras en los servicios sociales;

— fomentar por todos los medios el esfuerzo creativo y la iniciativa del pueblo para aumentar la productividad del trabajo...;

— mejorar sistemáticamente el trabajo de las instituciones de la administración local, de las organizaciones sindicales, del Komsomol y potenciar su papel en la vida económica del país.[60]

El marco adoptado por el Sexto Plan Quinquenal incluía todos los requisitos del desarrollo socialista en esa etapa con-

---

[60] *Ibídem*, pp. 668-669.

creta: énfasis continuado en la expansión de la industria pesada mediante el uso de tecnología moderna y la mejora de la productividad laboral; aumento de la rentabilidad de las inversiones mediante el avance de la tecnología y la productividad laboral; mayor atención a las necesidades de consumo de las trabajadoras y trabajadores; elevación del nivel de vida del campesinado; modernización de la agricultura y aumento de la producción agrícola; y aumento del papel de los sindicatos y los consejos en el proceso de toma de decisiones. Estos principios inspiraron la formulación de un modelo de «crecimiento rápido del consumo» que, si bien logró importantes hitos en esta dirección, terminó siendo descarrilado como resultado de ciertas políticas incorrectas.

El primer paso del modelo de «crecimiento rápido del consumo» fue un fuerte aumento en el nivel de los salarios, especialmente en el sector agrícola. El salario mínimo mensual se incrementó en toda la economía de 27-35 rublos en 1957, a 40-45 rublos en 1962[61] y luego a 60-70 rublos en 1968.[62]

Siguiendo las directrices del plan el nivel de los salarios agrícolas se elevó de forma agresiva. El salario promedio anual en este sector pasó de 89 rublos en 1950 a 330 rublos en 1960, y a 614 rublos (un incremento de casi siete veces) en 1965.[63] Las cifras correspondientes a las trabajadoras y trabajadores no agrícolas pasaron de 830 rublos en 1950 a 1.008 rublos en 1960 y a 1.190 rublos (un incremento de alrededor de 1,5 veces) en 1965.[64] Aún más impresionante fue el aumento de los salarios anuales de las campesinas y campesinos en las granjas colectivas: de 43 rublos en 1950 a 221 rublos en 1960 y a 483 rublos

---

[61] Murray Yanowitch, *The Soviet Income Revolution*, Slavic Review, Vo. 22, n° 4, diciembre de 1963, pp. 663-695.

[62] Emily Clark Brown, *Continuity and Change in the Soviet Labor Market*, en M. Bornstein y D. F. Fusfeld, eds., *The Soviet Economy: A Book of Reading*, Homewood, Illinois, Richard D. Irwin Inc., 4ª ed., 1974, p. 176.

[63] Shroeder y Severin, op. cit., p. 629.

[64] *Ibídem.*

(un incremento de más de 11 veces) en 1965. En las granjas estatales, los salarios anuales pasaron de 459 rublos en 1950 a 559 rublos en 1960 y a 900 rublos (casi el doble) en 1965.[65] Así, entre 1950 y 1965, el salario promedio anual de las y los agricultores pasó del 11 % al 52 % de los del sector no agrícola. Este rápido aumento de los salarios continuó en los años siguientes.

Desgraciadamente, estos aumentos salariales tan rápidos y amplios no fueron acompañados por un crecimiento similar en la producción de bienes de consumo. A pesar de que los salarios se multiplicaron por varias veces, hasta 1965 el crecimento en la producción *per cápita* de las industrias de bienes ligeros y de consumo fue, por ejemplo, solo del 145 % en la industria alimentaria y del 123 % en la industria de bienes domésticos. El único aumento significativo en la producción se produjo en la industria de bienes duraderos (como frigoríficos, televisores, lavadoras, etcétera), que creció un 800 % entre 1950 y 1965. Pero ni siquiera este aumento pudo satisfacer la creciente demanda de las trabajadoras y trabajadores, que había sido frenada durante varias décadas. Por ejemplo, en 1965 por cada 1.000 habitantes se producía un promedio de 22 radios, 16 televisores, 7 frigoríficos, 3,5 aspiradoras, 3,5 máquinas de coser y 8 juegos de muebles.[66] En 1968 mientras que en los Estados Unidos había 540 teléfonos por cada 1.000 habitantes, en la Unión Soviética solo había 45 (una proporción de 12 a uno).[67]

Por otra parte, mientras que el modelo de «crecimiento rápido del consumo» seguía los patrones de consumo occidentales al enfatizar el crecimiento del consumo de los hogares, la parte del consumo social de las trabajadoras y trabajadores (es decir, la parte de los ingresos provenientes del fondo de consumo comunista), que había alcanzado el 38 por ciento en

---

[65] *Ibídem.*

[66] Gertrude E. Shroeder, *Consumption in the USSR: A Survey*, en Bornstein y Fusfeld, op. cit., pp. 302-303.

[67] *Ibídem*, p. 304.

1944, en realidad cayó al 35 por ciento durante 1950-56, una cifra que era incluso inferior a la de 1935.[68] Aunque el consumo había aumentado en términos absolutos durante 1955-65, el aumento no podía compararse con el ritmo más rápido de los aumentos salariales. Por ejemplo, entre 1955 y 1965, el espacio de la vivienda *per cápita* creció solo un 42 por ciento, de 4,8 a 6,8 metros cuadrados, apenas más que la cifra de 5,8 de 1928.[69] En 1968 casi el 30 por ciento de las casas urbanas seguían sin agua corriente. En 1969 el 20 por ciento de las viviendas de la República Rusa seguían sin agua corriente y alcantarillado, el 25 por ciento sin calefacción central y el 40 por ciento sin ducha o bañera.[70] Así, el aumento del nivel de confort social y del nivel de vida no se correspondía con el aumento del nivel de salarios. Mientras que la tasa de crecimiento anual del consumo *per cápita* fue superior al 6 % durante 1950-55, se redujo al 3,5 % en 1956-60 y al 2,7 % en 1961-65.[71]

El rápido aumento en los ingresos en efectivo en un corto período de tiempo, sin un aumento correspondiente en la producción de bienes de consumo, condujo a una tasa de crecimiento anual en los ahorros ociosos de las trabajadoras y trabajadores del 20 % entre 1965 y 1968. Mientras que en 1960 el ahorro medio de una o un trabajador era de unos 10 rublos, este ahorro *per cápita* aumentó hasta casi 350 rublos (equivalente a cuatro meses de salario de una trabajadora o trabajador urbano) en 1968. En 1969 el 70 % de los ingresos adicionales de las asalariadas y asalariados se transferían a cuentas de ahorro. En gran medida, esto se debía a la falta de bienes de consumo.[72] Esta tendencia no solo minó el incentivo material de las trabajadoras y trabajadores para trabajar más y mejor, sino que

---

[68] Janet Chapman, op. cit. , p. 140.

[69] Gertrude E. Shroeder, op. cit., p. 303.

[70] *Ibídem*, pp. 279-281.

[71] *Ibídem*, p. 276.

[72] *Ibídem*, p. 288.

también fomentó un mercado negro de los bienes existentes. Se creó una economía paralela basada en la corrupción y el soborno entre las y los burócratas del gobierno, especialmente los responsables de la distribución de los bienes de consumo en la sociedad. Los ingresos procedentes de actividades improductivas crecieron rápidamente. Esto condujo a la formación y el crecimiento de ciertas capas parasitarias en la sociedad y dentro de los órganos del Estado. El principio socialista de «ingresos a cambio de trabajo social productivo» fue violado cada vez más por estas capas parasitarias que vivían del soborno y la extorsión de la clase obrera. Este fue el punto de partida del proceso de alejamiento de las masas del Estado y, por tanto, del Partido Comunista como partido dirigente de la sociedad socialista.

Sin embargo, más perjudicial que esto fue la política de nivelación mecánica de los salarios en toda la economía. Inmediatamente después del 20 Congreso, se tomaron medidas para eliminar las diferencias salariales. En solo tres años entre 1956 y 1959, se eliminó la mitad de las diferencias salariales socialistas establecidas en los últimos 22 años. En 1966 más del 87 por ciento de la mano de obra soviética tenía un ingreso mensual de entre 40 y 160 rublos (el 60 por ciento entre 40 y 100 rublos), y el número de los que tenían un ingreso superior a 200 rublos al mes no superaba el 2,5 por ciento de la total. En cambio en 1934, solo el 52 por ciento de la mano de obra soviética tenía un ingreso mensual de entre 40 y 160 rublos y el número de quienes ganaban más de 200 rublos al mes superaba el 18 por ciento del total de la población activa. (En 1934 el 1,3 por ciento y en 1966, solo el uno por ciento de las trabajadoras y trabajadores tenía un ingreso mensual inferior a 40 rublos). En la industria, la diferencia entre los salarios de las trabajadoras y trabajadores cualificadas y no cualificadas se redujo drásticamente. En 1960 la diferencia entre el salario máximo y el mínimo en función de la cualificación -que era de más de 4 a 1 en la década de 1930- se redujo a menos de 2 a 1, lo que refleja un regreso a las tablas salariales de 1928.[73]

Las diferencias salariales, tanto dentro del sector agrícola como entre el sector agrícola y no agrícola, también se redujeron drásticamente. Hasta principios de la década de 1950 existía una gran diferencia entre los ingresos de las trabajadoras y trabajadores agrícolas y no agrícolas por un lado, y entre los ingresos de las agriculturas y agricultores colectivos y las trabajadoras y trabajadores de las fincas estatales dentro del sector agrícola por otro. Pero esta diferencia se redujo considerablemente entre 1955 y 1970. Por ejemplo, en 1950 el ingreso anual promedio de las agricultoras y agricultores colectivas era inferior al 10 % del de las trabajadoras y trabajadores agrícolas de las fincas estatales (42 rublos frente a 459 rublos); esta diferencia se redujo a más del 30 % (221 rublos frente a 645 rublos) en 1960, al 55 (483 rublos frente a 900 rublos) en 1965 y al 67 % (1.027 rublos frente a 1.528 rublos) en 1975. Asimismo, el ingreso promedio anual de las trabajadoras y trabajadores agrícolas pasó de ser el 11 % del ingreso de las trabajadoras y trabajadores no agrícolas (89 rublos frente a 830 rublos) en 1950 al 33 % (330 rublos frente a 1.008 rublos) en 1960 y al 70 % (1.225 rublos frente a 1.780 rublos) en 1975. En otras palabras, entre 1955 y 1975 los ingresos promedios anuales de todas las trabajadoras y trabajadores agrícolas de la Unión Soviética aumentaron 3,6 veces más rápido que los salarios de todas las trabajadoras y trabajadores de los sectores no agrícolas.[74]

Esta nivelación mecánica de los salarios en un período de tiempo tan corto (a pesar de su fenomenal aumento en términos absolutos), que Stalin había declarado «antimarxista y

---

[73] Fuentes: Para las cifras de 1928 y 1934: A. Bergson, op. cit., Apéndice D, cuadros 9 y 10, pp. 227 y 223. Para las cifras de 1966: P. J. D. Wiles y Stefan Arcowski, *Income Distribution Under Communism and Capitalism*, parte 2, en *Soviet Studies*, vol. 22, n° 4, abril de 1971, cuadro 28, p. 506. (Las cifras se han ajustado para igualar los intervalos).
[74] Shroeder y Severin, op. cit., p. 629.

antileninista» unas décadas antes, desempeñó el papel decisivo en la reducción de la tasa de crecimiento de la producción en la Unión Soviética. Y lo que es más importante, esto se hizo en un momento en el que, según las repetidas evaluaciones de la dirección del Partido, incluyendo las evaluaciones de los Plenos de junio de 1955 y julio de 1960 (ambos celebrados después del 21 Congreso del Partido), el Estado no había sido capaz de avanzar mucho en la introducción de tecnología moderna en las industrias para aumentar la productividad del trabajo y la eficiencia del capital. De hecho, el crecimiento inicial de la producción agrícola durante los años 1954 a 1960 no fue el resultado de un aumento de la productividad, sino principalmente el resultado del proyecto «Tierras Vírgenes» de Jruschov, en el que las voluntarias y voluntarios, principalmente de la organización juvenil del Partido Comunista (Komsomol), se desplegaron por el campo para cultivar 42 millones de hectáreas (casi 104 millones de acres) de tierras vírgenes y no utilizadas. Este crecimiento inicial también alcanzó sus límites pronto, tanto por el agotamiento de todas las tierras no cultivadas, que se cultivaron en dos o tres años, como por la adopción de ciertas políticas agroculturales incorrectas por parte de la dirigencia soviética (como cultivo de maíz para alimentar al ganado). Como resultado, la tasa promedio anual de crecimiento del Producto Nacional Bruto de la Unión Soviética, que fue de alrededor del 15 % durante la década de los cuarenta, cayó en picado hasta el 10 % en la década de los cincuenta, y hasta el 6,7 % (menos de la mitad que en los cuarenta) entre 1960 y 1972.[75]

Evidentemente, como también había subrayado el XX Congreso del PCUS, un crecimiento drástico en el nivel del consumo social tal cual como fue propuesto por el plan económico solo podía lograrse a través de un «crecimiento continuado de la industria pesada», así como de un aumento de la eficiencia

---

[75] Gregory y Stuart, *op. cit.*, p. 378.

del capital y de la productividad del trabajo tanto en la industria como en la agricultura que, a su vez, dependía en gran medida del avance de la tecnología moderna. El modelo de «crecimiento rápido del consumo», sin embargo, hizo exactamente lo contrario. En lugar de aumentar el nivel de inversiones en la industria pesada y centrarse en la modernización tecnológica de la economía, aumentó drásticamente los gastos del gobierno en el sector de consumo, mientras que al mismo tiempo redujo la parte relativa de las inversiones de capital en los gastos del gobierno. Aumentó drásticamente el poder adquisitivo de las trabajadoras y trabajadores sin crear la capacidad material y técnica de la industria de bienes de consumo. Niveló mecánicamente los salarios en toda la economía y eliminó todos los incentivos materiales para el aumento de la producción. Y, finalmente, creó el terreno para el crecimiento de las actividades parasitarias en la sociedad, así como la corrupción y el soborno dentro de la burocracia estatal. El efecto combinado de estas políticas erróneas fue la aparición gradual de una profunda crisis social y económica en la Unión Soviética.

Lo que hizo que esta crisis creciente pasara desapercibida en aquel entonces fue el aparente aumento del nivel de los salarios monetarios y el relativo incremento del grado de disponibilidad de los bienes de consumo, inspirados en su mayoría en los modelos de consumo occidentales. El modelo de «crecimiento rápido del consumo» dio lugar a la ilusión de que, en pocos años más, el nivel de vida de las trabajadoras y trabajadores y su nivel de consumo alcanzarían, e incluso superarían, al de Occidente. La dura realidad, sin embargo, era que ese objetivo solo podía alcanzarse en una sociedad socialista avanzada con una infraestructura productiva tecnológicamente muy avanzada, y que la sociedad soviética estaba aún muy lejos de esa. Este optimismo subjetivo estaba destinado a ser seguido por una decepción masiva.

## 2. El modelo del «socialismo avanzado» y las raíces de la crisis política

Sin duda y a pesar de todas estas deficiencias, muchas de las cuales se debían todavía al atraso inicial de la sociedad soviética, los logros del modelo de «crecimiento rápido del consumo» fueron impresionantes y dieron lugar a una tasa de crecimiento mucho mayor en comparación con las economías capitalistas. La tecnología moderna, a pesar de su carencia de crecimiento en las industrias no militares, tuvo grandes éxitos en el sector militar. La Unión Soviética demostró el potencial del socialismo en ciencia y tecnología cuando lanzó su primer satélite en octubre de 1957. La sociedad socialista había conseguido en poco tiempo elevar el nivel de vida de las trabajadoras y trabajadores de una forma sin precedentes, y corregir una parte importante de las deficiencias del desequilibrado modelo de crecimiento industrial.

Pero estos avances, al igual que en los modelos anteriores, tenían sus propias consecuencias negativas, cuya eliminación requería un enfoque consciente y científico por parte del Partido de vanguardia. Desgraciadamente, como demostraron las tendencias posteriores, el Partido no solo no actuó eficazmente para deshacer los problemas recién surgidos, sino que, al seguir las directrices económicas del modelo de «crecimiento rápido del consumo», agravó la crisis económica. Además, el Partido también adoptó ciertas posturas políticas poco realistas que contribuyeron a elevar la crisis económica a la arena política. Estas decisiones políticas erróneas se basaban no solo en ciertos factores objetivos (que se discutirán más adelante), sino principalmente en una exageración subjetiva de los logros del sistema socialista.

Los primeros indicios de estos planteamientos políticos subjetivistas aparecieron en el XXI Congreso Extraordinario del Partido Comunista de la Unión Soviética (del 27 de enero al 5 de febrero de 1959). Este Congreso -llamado «un congreso de constructores del comunismo»- a la vez de señalar «con orgullo» que la Unión Soviética «había abierto el camino al socialismo para la humanidad», concluía que «como resultado de los cambios en todas las esferas de la vida social sobre la base de la victoria del socialismo», la Unión Soviética «había entrado en un nuevo período de su desarrollo, *el período de la construcción a gran escala de una sociedad comunista*». Como resultado, «el principio de ‹de cada cual según su capacidad, a cada cual según sus necesidades› se aplicaría gradualmente en la etapa superior del comunismo».[76]

Basándose en sus conclusiones excesivamente optimistas, el Congreso no solo insistió en la necesidad de continuar con el modelo de «crecimiento rápido del consumo», sino que incluso amplió ciertos aspectos de este modelo en muchos ámbitos: la nivelación de los salarios y los fuertes aumentos salariales en todos los sectores de la economía continuaron a un ritmo aún más rápido, y la política de dirigir las inversiones estatales hacia una mayor producción de bienes de consumo privados continuó a un ritmo creciente. El resultado inevitable de esta política fue una caída persistente de la tasa de crecimiento económico, especialmente en el sector industrial.

La declaración del inicio del «período de la construcción a gran escala de una sociedad comunista» se basaba más que nada en la comparación entre el ritmo de crecimiento del socialismo y el de las sociedades capitalistas de la época, así como la inmensa credibilidad que dicho crecimiento había traído para el socialismo y la Unión Soviética en todo el mundo. Las raíces de los enfoques subjetivistas emergentes se encontraban, de hecho, en esta comparación superficial. Como resultado, la evaluación científica de los logros y deficiencias del socialismo

---

[76] *History of the Communist Party of the Soviet Union*, op. cit., p. 719.

dentro del contexto de sus propios objetivos predefinidos a corto y largo plazo dio paso a una actitud competitiva basada en la comparación de los logros del socialismo con los del sistema capitalista, que ni siquiera perseguía los mismos objetivos que el socialismo. El resultado de esta comparación fue obvio desde el principio: un sentimiento de satisfacción, orgullo y exageración de los logros del socialismo por un lado, mientras que se subestimaba el potencial económico y los logros tecnológicos del capitalismo por el otro.

Las resoluciones del 22 Congreso del Partido Comunista de la Unión Soviética (octubre de 1961) sobre la etapa de desarrollo de la sociedad socialista en la Unión Soviética fueron una fiel manifestación de tales tendencias subjetivas y optimistas dentro de la perspectiva oficial del Partido. El 22 Congreso, a la par de poner un sello de aprobación a las acciones del Partido desde el 21 Congreso y reiterar su creencia en «la victoria final y completa del socialismo en la Unión Soviética», declaró que la sociedad soviética había entrado ahora en la etapa del socialismo avanzado y que se embarcaba en el camino «hacia la construcción de una sociedad comunista». En consecuencia, el Congreso aprobó el nuevo (tercer) Programa del Partido con el objetivo de «construir una sociedad comunista» y «ordenó al Comité Central que movilizara al Partido y a las masas para llevar a cabo las tareas de construcción del comunismo y aplicar las disposiciones del Plan Septenal como un paso importante para desarrollar la base material y técnica del comunismo».[77]

Evidentemente, la adopción de una posición tan nueva y global sobre la entrada de la sociedad soviética en la fase de construcción del comunismo tenía ciertas consecuencias económicas, políticas, teóricas e incluso ideológicas que afectaban a todos los aspectos de la sociedad soviética. Como había explicado Marx en su *Crítica del Programa de Gotha*, los princi-

---

[77] *Ibídem*, p. 752.

pios y requisitos de la construcción del comunismo diferían significativamente de los de la construcción del socialismo. En consecuencia, las prioridades de la planificación económica; las estructuras y responsabilidades del Partido y del Estado; la relación entre el Partido y la clase y entre el Estado y el pueblo de la Unión Soviética; y el papel y la función de la Unión Soviética y del bloque socialista en la arena internacional de la lucha contra el imperialismo; todos sufrieron importantes cambios.

## Prioridades de la planificación económica

Aunque desde el punto de vista económico, el modelo de «socialismo avanzado» se basaba en los mismos principios que el modelo de «crecimiento rápido del consumo», la declaración del inicio de la etapa de la «construcción del comunismo» trajo graves cambios en las prioridades de la planificación económica, con consecuencias negativas y duraderas. Mientras que en el modelo anterior la cuestión del aumento de la producción (aunque con énfasis en el consumo) se tomaba como objetivo principal de la planificación económica, el nuevo plan adoptado por el 22 Congreso describió la «mejora del nivel de vida del pueblo» como uno de sus objetivos principales y esbozó el mecanismo para alcanzar este objetivo de la siguiente manera:

(a) Un aumento de la remuneración individual en función a la cantidad y calidad del trabajo realizado, juntos con la reducción de los precios de venta al público y la abolición de los impuestos pagados por la población; (b) Un aumento del fondo de consumo público destinado a la satisfacción de las necesidades de los miembros de la sociedad sin importar la cantidad y calidad de su trabajo, es decir, de forma gratuita.[78]

---

[78] *Programa del Partido Comunista de la Unión Soviética, adoptado por el Vigésimo Segundo Congreso del PCUS*, 31 de octubre de 1961; reimpreso en, Leonard Schapiro, ed., *The U.S.S.R. and the Future: An Analysis of the New Program of the CPSU*, Praeger, Nueva York y Londres, 1963, Apéndice A, p. 293.

La adopción de estos mecanismos, en su mayoría comunistas, en el momento en que el nivel técnico de la producción y el nivel de productividad del trabajo no satisfacían las necesidades materiales de tal proyecto, solo podía conducir a problemas económicos. En primer lugar, nuevos aumentos de los salarios combinados con la reducción de los precios de las mercancías en una situación en la que la cantidad y la calidad de los bienes de consumo no podían satisfacer ni siquiera la demanda existente, solo darían lugar a un mayor crecimiento del mercado negro y a la expansión de la economía paralela. En segundo lugar, la reducción de los precios al por menor de los productos básicos significaba un nuevo aumento de subsidios estatales a los bienes de consumo y, por lo tanto, un aumento de los gastos estatales en el ámbito del consumo privado, política que contradecía claramente el objetivo declarado de «aumento del fondo de consumo público». En tercer lugar, la «supresión de los impuestos pagados por la población», además de ser otra forma de aumento de los ingresos disponible de la población que alimentaría aún más el primer problema, redujo considerablemente los ingresos del gobierno. El Estado siempre había utilizado los impuestos como mecanismo para dirigir los patrones de consumo privado y la eliminación de los impuestos solo podía debilitar el papel orientador del Estado en este ámbito. Por último, y quizás lo más importante, insistir en un «aumento del fondo de consumo público» para todas y todos «independientemente de la cantidad y calidad de su trabajo», en una situación en la que las diferencias salariales monetarias se estaban reduciendo conscientemente a un nivel incluso inferior al de los años veinte, garantizaría un bienestar material universal sin tener en cuenta la cantidad de trabajo socialmente útil, destruyendo así aún más los incentivos materiales para el aumento de la producción.

De este modo, con la declaración del inicio de la «construcción del comunismo», se transformó y debilitó todo el mecanismo de incentivos materiales para el trabajo. El método comunista de confiar en las motivaciones subjetivas y morales reubicó el mecanismo socialista de incentivos materiales para el trabajo. Esto se refleja claramente en el programa adoptado por el XXII Congreso del PCUS:

> En la lucha por la victoria del comunismo, el trabajo ideológico se convierte en un factor cada vez más poderoso. Cuanto más elevada sea la conciencia social de los miembros de la sociedad, más plenamente y más ampliamente entrarán en juego sus actividades creativas en la construcción de la base material y técnica del comunismo, en el desarrollo de formas de trabajo comunistas y de nuevas relaciones entre las personas...

> El Partido considera que la tarea primordial en el período actual es educar a todos los trabajadores en el espíritu de integridad ideológica y devoción al comunismo, y cultivar en ellos una actitud comunista hacia el trabajo; para asegurar el desarrollo integral y armonioso del individuo; crear una cultura espiritual verdaderamente rica...

> El Partido considera que el desarrollo de una actitud comunista hacia el trabajo en todos los miembros de la sociedad es su principal tarea educativa. El trabajo en beneficio de la sociedad es el deber sagrado de todos...

> En el curso de la transición al comunismo, los principios morales de la sociedad adquieren cada vez más importancia; la esfera de acción del factor moral se amplía y la importancia del control administrativo de las relaciones humanas disminuye en consecuencia...

> El Partido sostiene que el *código moral del constructor del comunismo* debe comprender de los siguientes principios:

> devoción a la causa comunista, amor a la patria socialista y a los demás países socialistas;

> trabajo concienzudo por el bien de la sociedad;

> la preocupación de todos por la conservación y el crecimiento de la riqueza pública;

> un alto sentido del deber público; intolerancia de las acciones per-

judiciales para el interés público;

el colectivismo y la ayuda mutua de camaradería: uno para todos y todos para uno;

relaciones humanas y respeto mutuo entre los individuos;

la honestidad y la veracidad, la pureza moral, la modestia y la humildad en la vida social y privada;...

una actitud intransigente ante la injusticia, el parasitismo, la falta de honestidad, el arribismo y el afán de lucro.[79]

La inclusión tan elaborada, especialmente en el Programa del Partido, de estos principios morales -que siempre han sido enfatizados por las y los comunistas- no solo reflejaba el crecimiento de ciertas tendencias especuladoras y arribistas tanto dentro de la sociedad como en los órganos del Estado, así como la necesidad de enfrentarlas, sino que también manifestaba un cambio en las prioridades del Partido, alejándose de los principios socialistas de incentivos materiales y hacia la confianza comunista en las motivaciones subjetivas y morales. Este cambio, como demostrarían las tendencias futuras, condujo irónicamente a un crecimiento gradual de una actitud de indiferencia y pereza en el trabajo, al parasitismo y, en última instancia, a una ralentización del crecimiento económico. Si a estas cuestiones se añaden las deficiencias tecnológicas, la baja calidad y la falta de eficiencia de la producción, los fuertes gastos en la Guerra Fría y la carrera armamentística impuesta por el imperialismo, y los tremendos compromisos internacionales de la Unión Soviética para ayudar a otros países socialistas y a los movimientos de liberación nacional, entonces se pueden entender mejor los efectos aplastantes que tales políticas subjetivistas tuvieron sobre la economía socialista. La llamada crisis de «estancamiento» de la década de los setenta, que se asocia principalmente con el período de Brézhnev, fue de hecho un

---

[79] *Ibídem*, pp. 303-304.

resultado directo de las evaluaciones subjetivistas del 22 Congreso sobre la etapa de desarrollo socialista en la Unión Soviética, y de los correspondientes cambios que se hicieron en las prioridades del sistema socialista durante ese período.

## El «Estado de todo el pueblo»

La declaración del inicio de la «construcción del comunismo» en la Unión Soviética también trajo cambios significativos y graves en la superestructura política de la sociedad. Esta cuestión fue especialmente decisiva en turno al carácter y el papel del Estado, así como a su relación con las distintas clases sociales, y en particular con la clase obrera.

El 22 Congreso [1961], sobre la base de su nueva evaluación de la etapa de desarrollo socialista en la URSS, cambió el carácter del Estado Soviético de «Estado proletario» a «Estado de todo el pueblo» y declaró en su programa:

> La dictadura del proletariado ha cumplido su misión histórica y ha dejado de ser indispensable en la U.R.S.S. desde el punto de vista de las tareas del desarrollo interno. El estado, que surgió como un estado de la dictadura del proletariado, se ha convertido, en la nueva etapa contemporánea, en un estado de todo el pueblo, en un órgano que expresa los intereses y la voluntad del pueblo en su conjunto.[80]

Este nuevo enfoque del carácter del Estado Socialista y la anulación implícita de su esencia proletaria se basaba en supuestos que no se correspondían con las realidades de la sociedad. Definir el Estado como el «órgano que expresa los intereses y la voluntad del pueblo en su conjunto» solo podía basarse en la premisa de que todas las diferencias objetivas entre las clases sociales de la sociedad soviética habían desaparecido y que el

---

[80] *Ibídem*, p. 297.

pueblo soviético «en su conjunto» compartía los mismos intereses de clase. Tal premisa, que negaba la existencia de las clases y de la lucha de clases en una sociedad socialista, era injustificada no solo desde el punto de vista de la teoría del socialismo, sino también desde el punto de vista objetivo-histórico. Desde el punto de vista teórico, Marx había demostrado claramente que mientras no dejaran de existir todas las clases, incluyendo el propio proletariado, el Estado Socialista tendría un carácter de clase y que la clase obrera debía tener la hegemonía sobre el poder estatal. No cabe duda de que la dirección del PCUS era plenamente consciente de este hecho, sobre todo porque en el mismo programa se subrayaba que «la clase obrera es la fuerza más importante y mejor organizada de la sociedad soviética» y que «desempeña también un papel dirigente en el período de la plena construcción del comunismo».[81]

Por otra parte, las diferencias históricas entre las distintas clases sociales, que se habían manifestado de muchas maneras a lo largo de la historia del socialismo, no se habían disipado. El Congreso seguía insistiendo correctamente en la necesidad de la unidad entre las obreras y obreros, campesinas y campesino e intelectuales como un factor importante en el proceso de construcción del socialismo y consideraba esta unidad como la clave del éxito del socialismo. Evidentemente, si fuese que estas clases compartieran los mismos intereses, el establecimiento de la unidad entre ellas no habría sido considerado como uno de los principales campos de lucha del Partido.

A la luz de estos hechos, sería erróneo suponer que la declaración del establecimiento del «Estado de todo el pueblo» independiente de los intereses de cualquier clase particular -un concepto que estaba en clara violación de los principios teóricos del socialismo así como de las realidades de clase existentes- era

---

[81] *Ibídem.*

simplemente el resultado de un idealismo subjetivo por parte de la dirección del PCUS. Por el contrario, hay que buscar la raíz real de esta apreciación incorrecta en el crecimiento y fortalecimiento gradual de las capas burocráticas y tecnocráticas que se habían hecho cargo del Estado especialmente durante el período de la «industrialización rápida», cuando el control administrativo de la economía se había convertido en una necesidad histórica para el Estado Soviético.

De hecho, la idea de un Estado independiente de las clases, especialmente la idea de la autonomía relativa del Estado Socialista con respecto a la clase obrera, fue planteada por personas como Malenkov durante los primeros años tras la muerte de Stalin (1954-56) e incluso llevó a enfrentamientos y purgas dentro del Partido. Las medidas de Jruschov para limitar el poder de la burocracia estatal y la «contrarrevolución tecnocrática» durante esos años lograron frenar esta tendencia hasta cierto punto. Pero la creciente burocracia estatal, que después del XX Congreso había adquirido incentivos materiales y económicos además de su ansia de poder, cuestionó cada vez más la supervisión del Estado por parte del Partido. Desgraciadamente, la falta de un planteamiento profundo y estructural de este problema por parte del XX Congreso, que se limitó a criticar el «culto a la personalidad de Stalin», perpetuó esta tendencia y debilitó aún más al Partido frente a la creciente burocracia estatal. Ciertas políticas económicas incorrectas, que durante la era de la «industrialización rápida» habían conducido cada vez más a actividades económicas improductivas, aportando ingresos ilegales y privilegios a los niveles superiores de la burocracia estatal, también desempeñaba un papel importante en el fortalecimiento de estas capas dentro del Estado.

Si estos análisis son correctos, entonces las decisiones del 22 Congreso del PCUS deben considerarse como una clara señal del dominio de la perspectiva de la burocracia estatal sobre las estructuras políticas del socialismo, y un importante punto de inflexión histórico en el curso del desarrollo socialista en la Unión Soviética. Por primera vez en la historia del socialismo, la política pasó a dominar la teoría y la ideología del proletariado, poniendo ambas al servicio de este. Esto significó la inversión de la relación entre el Partido y el Estado y el dominio real de este último sobre el primero. Debilitó enormemente la dirección proletaria en la sociedad socialista y preparó el camino para un dominio indiscutible de los intereses y la perspectiva de la burocracia estatal sobre todos los aspectos de la sociedad socialista.

Las consecuencias del cambio de carácter del Estado Socialista fueron importantes y decisivas. Al oscurecer las distinciones de clase, el «Estado de todo el pueblo» perdió su inmunidad contra las visiones del mundo no proletarias y gravitó cada vez más hacia la burocratización. Los intereses de la clase obrera y de otras clases trabajadoras se vieron cada vez más eclipsados por los de la burocracia estatal. La democracia socialista dio paso a una democracia formal y burocrática. La corrupción burocrática y el abuso de poder y del cargo para obtener beneficios económicos y políticos se generalizaron. En ausencia de incentivos materiales de clase, la creatividad y la diligencia en el trabajo dieron paso a la pereza y la complacencia. Este fenómeno hizo que los planes económicos del Partido y del Estado se retrasaran cada vez más, que los proyectos quedaran inconclusos o que, en algunos casos (como el plan de desarrollo de la tecnología moderna y su amplia aplicación en la industria) se paralizaran por completo.

Todo esto ocurría en el momento en que los Estados imperialistas, especialmente los Estados Unidos, utilizaban todo su poder financiero y sus avanzadas capacidades tecnológicas para intensificar su propaganda anticomunista de Guerra Fría contra la Unión Soviética, bombardeando al pueblo trabajador de la URSS con sus emisiones ideológicas a través de la radio, la televisión y otros medios de comunicación de masas. El efecto combinado de estos factores internos y externos fue la creciente alienación del pueblo trabajador de la Unión Soviética del Partido y del Estado y la preparación de las bases para la aparición de una crisis política en la sociedad socialista.

## El «Partido de todo el pueblo»

Este dominio de los intereses y perspectivas burocráticas sobre las estructuras políticas del socialismo no solo cambió la relación entre el Partido y el Estado, sino que también debilitó la esencia proletaria y la composición del Partido de vanguardia mediante la infiltración de estos intereses y perspectivas. El programa y los estatutos del PCUS aprobados por el XXII Congreso en 1961 declaraban:

Como resultado de la victoria del socialismo en la URSS y de la consolidación de la unidad de la sociedad soviética, el Partido Comunista de la clase obrera se ha convertido en la vanguardia del pueblo soviético, en un Partido de todo el pueblo.[82]

El Congreso, al cambiar los estatutos del Partido, definió el «criterio principal para ser miembro del Partido» como la «participación activa en la construcción del comunismo».[83] Al hacerlo, el Congreso no solo socavó el carácter obrero del Partido, sino que también eliminó todos los criterios de clase para ser miembro.

Esto fue una clara violación de los principios ideológicos y organizativos leninistas de un Partido de la clase obrera de nuevo tipo, con graves consecuencias que finalmente desarmaron al Partido y lo obligaron a someterse ante el creciente peso de las capas burocráticas y tecnocráticas. Aunque el 23 Congreso

---

[82] *Ibídem*, p. 310.

[83] *Ibídem*.

del PCUS (celebrado entre el 29 de marzo y el 8 de abril de 1966) adoptó medidas para corregir «los errores subjetivos en los métodos de dirección al cambiar los métodos de trabajo en el Partido, la economía y los países sin razón»,[84] y modificó los estatutos del Partido para hacer más estrictos los criterios de afiliación, estas medidas no llegaron a revertir la nueva caracterización del Partido como «Partido de todo el pueblo», caracterización que continuó hasta la crisis política de mediados de los años ochenta. De hecho, la séptima sesión (especial) del Soviet Supremo de la URSS ratificó el concepto de «Estado de todo el pueblo», añadiéndolo a la nueva Constitución del país en octubre de 1977.

De este modo, la transformación del partido político de la clase obrera en un «Partido de todo el pueblo» y la apertura de sus puertas a quienes «participaban activamente en la construcción del comunismo» -es decir, a todas las empleadas y empleados en la sociedad, independientemente de su base y posición de clase- abrió las puertas de par en par a la entrada de burócratas estatales arribistas en el Partido. De hecho, el rápido aumento de la membresía del Partido entre el 20 Congreso (1956) y el 22 Congreso (1961) y después, fue más una señal del diluvio de burócratas estatales en el Partido que una manifestación de una mayor participación de la clase obrera en la vida de ello. Mientras que entre el 17 y el 19 Congreso (1934-1952), es decir, en un lapso de 18 años, la afiliación al Partido había aumentado en solo 4 millones (de 1,9 millones en 1934 a 6 millones en 1952), la afiliación aumentó a 6,8 millones en 1956 (20 Congreso), 11,7 millones en 1966 (23 Congreso), 13,8 millones en 1971 (24 Congreso), 15,7 millones en 1976 (25 Congreso)[85] y más de 19 millones en 1986 (27 Congreso). En otras palabras,

---

[84] *History of the Communist Party of the Soviet Union*, ed. en farsi, Publicaciones del Partido Tudeh de Irán, 1979, p. 796.

[85] *Ibídem*, páginas 542, 687, 719, 793, 852 y 917.

más de 13 millones se habían afiliado al Partido entre el 20 y el 27 Congreso — ¡4 millones solo durante el período 1959-1966!

Teniendo en cuenta los criterios de afiliación del Partido durante esos años, está claro que este rápido crecimiento numérico no iba en la dirección de fortalecer la base de la clase trabajadora del Partido. Más bien fue una clara manifestación del crecimiento de las capas burocráticas y tecnocráticas dentro de las filas de él. Mientras a finales de 1970 las trabajadoras y trabajadores constituían el 57 % de la población total del país, su participación en el total de membresía del Partido era solo del 40 %. Por la misma razón, el campesinado, que constituían el 20 por ciento de la población total, solo representaba el 13 por ciento de los miembros del Partido.[86] Por otra parte, en el mismo año, las y los intelectuales y burócratas constituían menos del 20 por ciento de la población total del país, mientras que representaban casi la mitad de los miembros del Partido. Sin embargo, su participación en los puestos de liderazgo del Partido era mucho mayor que su participación en el total de los miembros. Según el propio informe del PCUS a principios de 1971, casi todos las y los secretarios del Comité Central del Partido a nivel de las Repúblicas, así como los de los comités provinciales, regionales, municipales y de distrito del Partido eran graduados de instituciones de educación superior, y más de la mitad de ellos eran ingenieros, expertos económicos y técnicos e ingenieros agrícolas.[87] Se puede suponer que muchas de estas personas se unían al Partido no por convicciones ideológicas -que, de todos modos, se estaban erosionando con el tiempo en toda la sociedad-, sino en busca de los privilegios económicos especiales y los puestos de liderazgo político que la pertenencia al Partido les proporcionaba.

La difuminación de las distinciones estructurales entre el

---

[86] *Ibídem*, p. 823.

[87] *Ibídem*, p. 827

Partido y el Estado fue la principal causa de la creciente influencia de la perspectiva burocrática y el arribismo dentro del Partido. Muchos de las y los máximos dirigentes y cuadros del Partido tenían cargos en el gobierno y, además de sus responsabilidades políticas, también se encargaban de gestionar la economía del país. Este fenómeno, que se había originado durante la época de Stalin con la aplicación del modelo de la «industrialización rápida», se extendió también durante la época de Jruschov, a pesar de la campaña declarada por este contra la burocracia estatal.

La confluencia de las estructuras del Partido y del Estado no solo creó lucrativos incentivos materiales para unirse al Partido, sino que también vinculó cada vez más los intereses del Partido con los de la burocracia estatal para mantener el *statu quo*. El pragmatismo político y económico sustituyó gradualmente a la creatividad, la innovación y la visión de futuro. La misión histórica de las y los comunistas de «constantemente abolir el estado actual de cosas» se veía cada vez más contradicha por el incentivo burocrático de «mantener los privilegios personales existentes». Este fenómeno era tal vez más frecuente entre las y los intelectuales del Partido que, en lugar de analizar continuamente la situación y mostrar las salidas a los problemas, ponían cada vez más sus capacidades teóricas al servicio de la alabanza del *statu quo* y la justificación de las políticas y acciones de la burocracia estatal.

Así, mientras el Partido enfatizaba correctamente la necesidad de intensificar la formación ideológica de sus miembros y de las trabajadoras y trabajadores de la sociedad, las tendencias dentro del propio Partido iban en la dirección contraria, debilitando aún más su carácter proletario. La ideología de la clase obrera se transformó gradualmente en una cáscara exterior hueca, dentro de la cual las crecientes capas burocráticas parasitarias y oportunistas estaban devorando la vitalidad y la fuerza del Partido. El Partido de vanguardia se distanciaba cada vez más de sus responsabilidades históricas y de la clase que representaba. Y la sociedad socialista, a pesar de todos sus inmensos e históricos logros, estaba siendo arrastrada a una crisis política y económica general.

## 3. Socialismo, imperialismo y la revolución mundial

El análisis optimista del 22 Congreso sobre la etapa de desarrollo socialista en la Unión Soviética fue acompañado por la declaración de que el sistema socialista había superado al sistema capitalista. Basándose en este punto de vista, el Congreso declaró que «la tercera etapa de la crisis del capitalismo ha comenzado» y que esta crisis va a destruir al capitalismo por completo:

El imperialismo ha entrado en el período de decadencia y colapso. Un proceso inexorable de decadencia se ha apoderado del capitalismo de arriba a abajo.... El imperialismo ha perdido para siempre su poder sobre el grueso de la humanidad....

*... el sistema imperialista mundial está desgarrado por profundas y agudas contradicciones.* El antagonismo entre el trabajo y el capital, las contradicciones entre el pueblo y los monopolios, el creciente militarismo, la desintegración del sistema colonial, las contradicciones entre los países imperialistas, los conflictos y contradicciones entre los jóvenes estados nacionales y los de las antiguas potencias coloniales, y - lo más importante de todo, el rápido crecimiento del socialismo mundial, están minando y destruyendo el imperialismo, llevando a su debilitamiento y colapso.[88]

Y a partir de este análisis, concluyó que:

Como resultado del abnegado trabajo del pueblo soviético y de

---

[88] *Programa del Partido Comunista de la Unión Soviética,* op. cit., pp. 268, 271.

134

las actividades teóricas y prácticas del Partido Comunista de la Unión Soviética... *se ha allanado el camino hacia el socialismo*. Muchos pueblos ya están marchando por ella, y tarde o temprano será tomada por todos los pueblos.[89]

Un año antes, en noviembre de 1960, opiniones similares fueron expresadas en la Reunión Consultiva de los Partidos Comunistas y Obreros del Mundo, celebrada en Moscú con la participación de 81 partidos. La declaración de esta reunión afirmaba que «nuestro período... es un período de la caída del imperialismo... un período de transición continua de las masas a la vía del socialismo y de la victoria global del socialismo y del comunismo». A la vez que subrayaba «el creciente cambio en la correlación de fuerzas a favor del socialismo», la declaración señalaba que «en el período actual... el sistema socialista mundial y las fuerzas que luchan contra el imperialismo y por la transformación socialista de la sociedad determinan el carácter principal y la dirección del desarrollo histórico de la sociedad humana.»[90] La Reunión Consultiva de los Partidos Comunistas fue tan lejos en su visión excesivamente optimista como para declarar que «el sistema colonial del imperialismo se ha desintegrado completamente bajo los golpes de los movimientos de liberación nacional».[91] La misma visión optimista fue expresada por el 22 Congreso del PCUS cuando subrayó que «el imperialismo se ha debilitado y la balanza de fuerzas se ha inclinado a favor del socialismo».[92]

No cabe duda de que los tremendos logros internos e internacionales del socialismo eran el motivo objetivo de tal optimismo. La revolución popular bajo la dirección de las y los comunistas había triunfado en China. Los países socialistas de

---

[89] *Ibídem*, p. 265.

[90] *Ibídem*, pp. 747-748.

[91] *Ibídem*, p. 749.

[92] *Ibídem*, p. 266.

Europa del Este, con la ayuda de la Unión Soviética, estaban dando rápidos pasos en la dirección de fortalecer su infraestructura económico-industrial y construir el socialismo. Y los movimientos de liberación nacional, inspirados en los logros del socialismo y apoyándose en ellos, se fortalecían en todo el mundo, consiguiendo nuevas victorias cada día. Todos estos desarrollos apoyaban tal visión optimista del futuro.

Pero el optimismo sobre la «suavidad» de la «vía rápida hacia el socialismo» y la «marcha continua de las masas hacia la vía del socialismo» y la inminente «victoria global del socialismo y el comunismo» se basaba en dos importantes supuestos: primero, la incapacidad del sistema capitalista para retrasar el impacto fatal de su «crisis general»; y segundo, el rápido desarrollo continuado de las sociedades socialistas en la esfera de la producción económica, y especialmente en el área de la modernización técnica y tecnológica. La experiencia, sin embargo, demostró que ambos supuestos, que no estaban totalmente desvinculados, se basaban en una apreciación inexacta de la realidad.

El análisis marxista del sistema capitalista ofrece una explicación detallada de la naturaleza de la creciente «crisis general» del capitalismo. Sin embargo, este rasgo característico del capitalismo, cuya inevitabilidad ha sido demostrada, había adormecido a muchos marxistas-leninistas haciéndoles creer que esta crisis conduciría por sí misma a la «desintegración» del capitalismo sin ningún esfuerzo consciente, planificado y coordinado por parte de la clase obrera y sus aliados en todo el mundo. Equivocaron sobre la inevitabilidad de la «crisis» capitalista con la certeza de su «desintegración» y colapso, e ignoraron así la posibilidad de que el capitalismo, a pesar de su crisis general, pudiera prolongar su existencia apoyándose en su puro poder económico y en su moderna tecnología de producción. La realidad también demostró que el capitalismo, a pesar de su creciente crisis general, era capaz de regenerarse y, al menos en esta coyuntura, escapar del abismo de la aniquilación intensificando su explotación de las trabajadoras y trabajadores y extendiendo la pobreza y las privaciones a miles de millones de personas en todos los rincones del mundo.

La tendencia a presumir que la caída del capitalismo era inevitable y que su colapso es solo cuestión de tiempo llevó a subestimar la capacidad del capitalismo para sobrevivir frente al creciente socialismo. Analistas del mundo socialista subestimaron el impacto de la revolución tecnológica del capitalismo durante las décadas de los setenta y los ochenta, así como los cambios estructurales que se llevaron a cabo durante los años setenta para reducir los efectos de la crisis general del capitalismo y evitar su desaparición.

Esta subestimación fue el resultado no solo de las suposiciones incorrectas sobre la inevitabilidad del colapso del capitalismo, sino también de la evaluación poco realista sobre el cambio en la correlación de fuerzas mundial a favor del socialismo. Mientras el capitalismo exportaba su crisis a las sociedades socialistas mediante la intensificación de la carrera armamentística y la imposición de fuertes gastos militares al socialismo -gastos que obstaculizaban el crecimiento equilibrado del socialismo al obligar a destinar sus limitados recursos financieros y técnicos al ámbito de la producción militar-, la dirección del Partido seguía insistiendo en su valoración optimista de finales de los años sesenta de que el imperialismo «no ha podido retrasar el desarrollo económico de los países socialistas».[93] Esta afirmación se hacía en el momento en que, según admitieron camaradas soviéticos, «entre 1965-1970, los Estados Unidos gastó cerca de 400.000 millones de dólares para fines militares» y «el presupuesto militar de la OTAN en 1970 superaba

---

[93] *History of the Communist Party of the Soviet Union*, ed. en farsi, Publicaciones del Partido Tudeh de Irán, 1979, p. 849.

los 100.000 millones de dólares».[94] El hecho de que el Producto Nacional Bruto total de la Unión Soviética en 1971 fuera inferior a 549.000 millones de dólares indica el carácter poco realista y el alcance excesivamente optimista de la afirmación sobre el cambio en la correlación de fuerzas mundial a favor del socialismo.

Fue sobre la base de estas valoraciones excesivamente optimistas del poder económico del socialismo y del total desprecio por la inmensa capacidad económica y tecnológica del capitalismo que, durante las décadas de 1960, 1970 y principios de 1980, la Unión Soviética se vio arrastrada a una costosa y destructiva carrera armamentística, por un lado, y a enormes compromisos económicos y militares internacionales que estaban muy por encima de su capacidad realista, por otro. Aunque una gran parte de estos gastos militares y la ayuda económica a otros países socialistas y a los movimientos de liberación eran necesarias, un enfoque más realista de las capacidades del sistema socialista podría haber reducido la carga y, por tanto, haber limitado la presión sobre el socialismo y las trabajadoras y trabajadores de los países socialistas.

El hecho es que a finales de los años sesenta y principios de los setenta, la Unión Soviética había conseguido alcanzar una relativa paridad militar con el Occidente, aunque incurrió grandes gastos. Esta paridad había aportado las garantías necesarias para la «supervivencia del socialismo» frente al peligro de agresión imperialista. Las evaluaciones del Partido Comunista también confirmaban esta opinión:

> Pero los acontecimientos históricos de los años 1960 habían demostrado que el imperialismo era incapaz de cambiar la situación mundial a su favor y de invertir el curso de su progreso...

> La capacidad del capitalismo para utilizar su poder militar con fines agresivos se había limitado en gran medida. Había pasado

---

[94] *Ibídem*, p. 847.

> la época en la que [los] Estados Unidos podía, mediante la instalación de aviones bombarderos equipados con armas nucleares en las bases militares de los países del entorno de la Unión Soviética y otros países socialistas, amenazar a estos países y ser inmune a las represalias. En la década de 1960 la Unión Soviética tenía suficientes armas nucleares y misiles balísticos intercontinentales para infligir golpes recíprocos a cualquier agresor en cualquier parte del mundo.[95]

Basándose en esta evaluación, cabría esperar que la Unión Soviética redujera sus gastos militares y reorientara sus recursos internos hacia la expansión de las industrias no militares y tecnológicamente avanzadas. Sin embargo, esto no ocurrió, y a pesar de todos los persistentes y admirables esfuerzos de la Unión Soviética y de los demás países socialistas por intentar poner fin a la carrera armamentística, los gastos militares siguieron aumentando en competencia con el imperialismo. En 1977 el Estado Soviético gastaba más de 52.000 millones de dólares anuales en asuntos militares.[96] Aunque las cantidades absolutas de estos gastos seguían siendo muy inferiores a las de los Estados Unidos (100.900 millones de dólares)[97] y, por tanto, a las de todos los países imperialistas juntos, el menor tamaño de la economía soviética en comparación con la de los países imperialistas y, especialmente, con la de los Estados Unidos (en 1971 el Producto Nacional Bruto de la Unión Soviética era inferior al 55 % del de los Estados Unidos: 548.600 millones de dólares frente a 1.000.400 millones de dólares),[98] hizo que la proporción de estos gastos en la economía soviética fuera extremadamente alta, lo que puso una carga mucho más pesada para el sistema socialista. Al imponer una carrera armamentística tan costosa a los países

---


[95] *Ibídem*, p. 849.

[96] *Instituto Internacional de Investigación para la Paz de Estocolmo (SIPRI), World Armament and Disarmament: SIPRI Yearbook, 1977*; citado en M. Myerson y M. Solomon, *Stopping World War III*, US Peace Council, Nueva York, 1981, p. 72.

[97] *Ibídem*

[98] Gregory y Stuart, op. cit. Tabla 1, p. 3.

socialistas mientras obtenía enormes beneficios de ella, el imperialismo estaba explotando a las trabajadoras y trabajadores de los países socialistas desde fuera de sus fronteras. Y esto no era una carga que el sistema socialista, cuyo crecimiento equilibrado y persistente dependía significativamente de la paz, pudiera llevar sobre sus hombros durante un largo período de tiempo.

Por otra parte, a diferencia de los Estados imperialistas, el sistema socialista no podía basar su comercio exterior en la explotación de otras naciones. Las relaciones comerciales de la Unión Soviética con los países del «tercer mundo» y los movimientos de liberación nacional se basaban en la asistencia a su desarrollo económico y en la ayuda militar y económica. Naturalmente, estos compromisos supusieron una pesada carga económica para el socialismo. En la década de 1970 y posteriormente, casi el 10 % del presupuesto anual del gobierno soviético se destinó a la ayuda internacional para los demás países socialistas y los movimientos de liberación nacional de todo el mundo. Como comentó Robert McNamara, Secretario de Defensa de los EE. UU. en la Administración Kennedy:

> Los Estados Unidos venden muchas de sus costosas armas a sus amigos ricos de, por ejemplo, el Oriente Medio. La Unión Soviética se ve obligada a vender sus armas baratas a sus amigos «combatientes». En consecuencia, los amigos de los Estados Unidos serán una fuente adicional de ingresos, mientras que los amigos de los soviéticos son una pesada carga para ellos.[99]

Nadie puede dudar de lo correcto y necesario de estas ayudas. Sin embargo, su continuación y expansión requería un mayor fortalecimiento de la economía soviética, especialmente de su producción industrial, mediante la desviación de parte de las inversiones del sector militar hacia los sectores industrial y tecnológico. Sin embargo, la carrera armamentística impuesta

---

[99] Mohammad Hassanin Heikal, *Revisiting History*, tr. by Hassan Faramarzi, Hafteh Publications, Teherán, 1990, p. 21.

140

por el imperialismo lo impidió. De hecho, la estrategia militar del imperialismo contra la Unión Soviética fue concebida exactamente teniendo en cuenta estas limitaciones de la economía socialista de la Unión Soviética. De nuevo, Robert McNamara describió la estrategia estadounidense para la carrera armamentística de la siguiente manera:

> La Unión Soviética salió de la Segunda Guerra Mundial con una brillante victoria militar. Con un gran número de bajas y un elevado gasto económico..., este país tenía tres prioridades para su plan posguerra: 1. Renovar completamente la infraestructura del país para que el pueblo soviético pudiera alcanzar la promesa del comunismo; 2. Reconstruir y renovar las defensas del país frente al acecho del mundo capitalista; 3. Ganar nuevos amigos en el mundo, especialmente en Europa del Este y el tercer mundo...
>
> Si los Estados Unidos logran involucrar a la Unión Soviética en una carrera armamentística, todos estos planes se irían al garete. Nuestro objetivo era muy simple: la segunda prioridad sustituiría, si fuera posible, a la primera prioridad. Es decir, primero aumentar los gastos militares y, por último, mejorar el nivel de vida de la población... y, por supuesto, esto afectaría también a la tercera prioridad.
>
> ¿Qué significa esto? Significa que si los soviéticos se ven arrastrados a una carrera armamentística y una parte masiva de su presupuesto, el 40 por ciento si es posible, se destina a este fin, entonces quedaría una cantidad menor para mejorar la vida de la gente, y por lo tanto, el sueño del comunismo, que tanta gente espera en todo el mundo, se pospondría y los amigos de la Unión Soviética y los partidarios de la idea del comunismo tendrían que esperar mucho tiempo. Sobre la base de este cálculo, la carrera armamentística puede incluso amenazar la ideología soviética en el propio Moscú.[100]

Es obvio que la única manera de frustrar esta estrategia antihumana y anticomunista del imperialismo era que la Unión Soviética redujera sus gastos militares una vez alcanzada la paridad militar a finales de los años sesenta. Al mismo tiempo,

---

[100] *Ibídem*, pp. 210-211

está claro que ningún grado de optimismo podría haber impedido a las y los dirigentes soviéticos ver la verdadera naturaleza y el objetivo de la carrera armamentística y sus consecuencias destructivas para el socialismo, cuyos efectos ya habían aflorado en la economía.

La causa principal del aumento de los gastos militares de la Unión Soviética después de la década de los sesenta debe buscarse no solo en las actitudes optimistas de la dirección del Partido, sino en los intereses de las crecientes capas de la burocracia estatal. Desde el punto de vista de la burocracia estatal, la carrera armamentística era más una rivalidad entre los gobiernos de la Unión Soviética y del Occidente, en particular de los Estados Unidos, que una lucha histórica por la supervivencia entre los sistemas socialista y capitalista. Esta capa burocrática antepuso sus propios intereses a los intereses a largo plazo del Partido y del socialismo, y actuó en consecuencia. De hecho, la continuación de la carrera armamentística y la creciente asignación de fondos al sector militar no harían más que reforzar el aparato estatal como base de poder de estas capas burocráticas. También los fortalecería económica y políticamente. Por ello, esta capa creciente no solo no tenía ningún incentivo para reducir los gastos militares del socialismo, sino que consideraba tal política contraria a sus propios intereses objetivos. Fue así como el imperialismo consiguió imponer al socialismo su estrategia militar y armamentística hasta el punto de «amenazar la ideología soviética en el propio Moscú» y, por tanto, aplazar la revolución mundial durante un período de tiempo considerable.

## 4. El internacionalismo proletario y la relación entre los Partidos

El crecimiento continuo e incontrolado de las capas burocráticas dentro del Estado Socialista, el incremento de la confluencia entre las estructuras del Partido y del Estado, y la eventual inversión de la relación entre el Partido y el Estado, cuyo resultado natural fue la sustitución gradual de la creatividad teórica y la visión ideológica por el pragmatismo político, dejaron huellas duraderas en las relaciones internacionales entre el Partido Comunista de la Unión Soviética y los demás Partidos Comunistas. Debido a la especial estatura del Estado y del Partido Comunista de la Unión Soviética, esta cuestión adquirió una escala aún mayor, afectando las relaciones entre todos los Partidos Comunistas y Obreros del mundo.

El aspecto más importante de esta situación fue su impacto sobre el concepto de «internacionalismo proletario». El dominio de la perspectiva de la burocracia estatal sobre las estructuras políticas del socialismo transformó el concepto de «internacionalismo proletario» de una relación fraternal de solidaridad internacional entre los Partidos Comunistas y Obreros a una relación de solidaridad con los Estados socialistas. Esto tuvo graves consecuencias negativas para el movimiento comunista y obrero mundial en varios aspectos importantes.

En primer lugar, la relación entre los Partidos Comunistas y Obreros de todo el mundo se vio eclipsada por la relación entre los Estados. Esta cuestión se manifestó claramente en las diferencias emergentes entre la Unión Soviética y China. Aunque al principio surgieron diferencias entre ambos Partidos, no cabe duda de que la verdadera razón del conflicto fue las diferencias políticas entre ambos Estados, especialmente en relación con su respectivo enfoque de los países imperialistas. La aparición de un fenómeno conocido como «maoísmo», que caracterizaba a la Unión Soviética como un «Estado social imperialista» y el «principal enemigo del pueblo» sin ninguna justificación científica o histórica, y la ruptura que creó en el seno del movimiento comunista mundial, no pueden atribuirse simplemente a las diferencias entre dos Partidos Comunistas hermanos. El PCUS estaba llevando a cabo la lucha por el socialismo en las condiciones más difíciles bajo el asedio del imperialismo, y ninguna diferencia política debería haber tenido mayor prioridad que la necesidad urgente de mantener la unidad dentro del movimiento comunista mundial.

El contagio de estas diferencias a muchos de los Partidos Comunistas y Obreros, que condujo a repetidas escisiones en el seno de ellos y a la aparición de nuevas líneas divisorias en el seno del movimiento comunista, fue una clara muestra de que el criterio de «solidaridad internacional con los Estados socialistas» había sustituido al principio de «solidaridad internacional entre los Partidos Comunistas». Esto no solo perjudicó gravemente la capacidad de los Partidos Comunistas y Obreros en su lucha común contra el capitalismo y el imperialismo, sino que también desvió una parte considerable de las capacidades y recursos financieros, militares y propagandísticos de los dos países de su lucha común contra el imperialismo hacia la lucha entre ellos. Sin duda, el imperialismo fue el mayor ganador en este proceso. Los Estados imperialistas aprovecharon al máximo las diferencias entre China y la Unión Soviética y las consiguientes divisiones dentro del movimiento comunista mundial para debilitar aún más el socialismo en todos los países.

El desvanecimiento de las líneas de demarcación entre el Partido y las estructuras estatales en los países socialistas también proporcionó al imperialismo nuevas oportunidades para la propaganda anticomunista. Los medios de comunicación imperialistas y su maquinaria de propaganda presentaron la solidaridad internacional entre los Partidos Comunistas y Obreros como una señal de su «dependencia» de los Estados socialistas, especialmente del Estado Soviético, y calificaron a estos Partidos de «quinta columna» y «espías» de los gobiernos socialistas. La confluencia de las estructuras del Partido y del Estado en los países socialistas dificultó aún más la lucha de los Partidos Comunistas y Obreros contra estas acusaciones infundadas. Esta cuestión también impidió que las trabajadoras y trabajadores de los países capitalistas, que estaban y siguen estando bajo la fuerte influencia de la ideología y la propaganda nacionalista de la burguesía dominante, se unieran a los Partidos Comunistas y Obreros de sus propios países. Esta tendencia, a largo plazo, debilitó la base de masas del movimiento obrero y comunista en los países capitalistas.

En segundo lugar, tal como era la tarea comunista de constante «abolición del actual estado de cosas», la crítica teórica de las deficiencias existentes dio paso a una alabanza y justificación burocrática del *statu quo*, y las evaluaciones de los Partidos Comunistas y Obreros mundiales de las debilidades del «socialismo real existente» se hicieron cada vez menos críticas. La política general de no debilitar a los Estados socialistas frente a la propaganda imperialista ocupó el centro de las actividades del movimiento comunista y obrero mundial. Así, la tarea teórica e ideológica de defender los principios científicos del socialismo y el comunismo contra todas las desviaciones y distorsiones fue perdiendo importancia ante la responsabilidad política más urgente de defender el «socialismo realmente existente» frente al capitalismo y el imperialismo. En muchos casos, el silencio calculado ante las deficiencias de las sociedades socialistas no solo se convirtió en la política dominante de muchos Partidos Comunistas y Obreros, sino que la adhesión a esta política se convirtió en un indicador para medir el compromiso de un partido con la causa de la clase obrera y el comunismo.

Criticar las debilidades del «socialismo real existente» se consideraba cada vez más como una oposición al «socialismo», y la actitud dogmática de «quien no está con nosotros está contra nosotros» se convirtió en la actitud dominante en algunos Partidos. Sin duda, esto alejó de los Partidos Comunistas a muchas personas sinceras, comprometidas con los ideales del comunismo pero que no podían aceptar las deficiencias de los sistemas socialistas existentes, contribuyendo así a la fragmentación del movimiento comunista.

Sin embargo, las dos responsabilidades políticas y teóricas de las y los comunistas no eran antitéticas, sino esencialmente complementarias. Del mismo modo que la crítica teórica de las debilidades del «socialismo real existente» no podía ni debía impedir a las y los comunistas prestar un apoyo firme e incondicional a estas sociedades frente a la agresión militar y las campañas de propaganda de los países imperialistas, la defensa de las sociedades socialistas no podía ni debía negar la responsabilidad de las y los comunistas de realizar una crítica teórica de estos sistemas. Confundir estas dos tareas, igualmente importantes, y situar las responsabilidades políticas por encima de las teóricas e ideológicas, fue la raíz principal del crecimiento del pragmatismo político dentro del movimiento comunista y obrero. Impidió a las y los comunistas realizar un diagnóstico oportuno de las debilidades del «socialismo existente» y tomar medidas para corregirlas. La falta de un enfoque teórico e ideológico de los puntos débiles de los sistemas socialistas existentes allanó aún más el camino para un crecimiento incontrolado de las capas burocráticas dentro de las estructuras de los Estados socialistas y los Partidos gobernantes.

Así, los errores subjetivos del Partido de vanguardia en el transcurso de tres décadas contribuyeron al debilitamiento y a la mayor vulnerabilidad del movimiento comunista y obrero mundial frente a la arremetida económica, militar y propagandística del imperialismo, y crearon las condiciones favorables para el surgimiento de una grave crisis en los países socialistas.

Sin embargo, como Lenin había subrayado correctamente, la mera existencia de condiciones objetivas no podía conducir por sí misma a una crisis política y, por tanto, al colapso del sistema socialista. Tal desarrollo requeriría la presencia de ciertos factores subjetivos, incluyendo una movilización organizada y consciente contra el socialismo por parte de aquellos que se beneficiaban de su desmantelamiento.

Uno de estos factores, el imperialismo, había utilizado durante siete décadas todos los medios a su alcance para desbaratar y, si era posible, derribar el sistema socialista, actuando constantemente como fuente principal de su crisis emergente. Pero el imperialismo no pudo lograr su objetivo final porque carecía de una base de apoyo interna dentro del propio sistema socialista. En todas las décadas anteriores, especialmente después de la victoria de la Revolución de Octubre y durante la Segunda Guerra Mundial, cuando las condiciones eran mucho más severas y el socialismo era mucho más débil que en los años ochenta, el Estado Socialista se había defendido heroicamente y había vencido a todos sus enemigos internos y externos. A pesar de todas las presiones externas y de las deficiencias internas, el sistema socialista también había logrado superar las crisis periódicas causadas por su crecimiento y desarrollo mediante la introducción de los cambios necesarios en su estructura social y la adopción de modelos socioeconómicos que respondían a sus condiciones objetivas.

A pesar de todas sus deficiencias el socialismo había acumulado suficientes logros históricos impresionantes y sin precedentes como para superar también la última crisis y garantizar que su marcha continua hacia una sociedad comunista. El socialismo no solo había logrado su seguridad militar frente al imperialismo, sino que también había conseguido obligar a este último a firmar varios tratados de prohibición de pruebas nucleares y a reducir su arsenal de armas nucleares. El socialismo había desarrollado su infraestructura económica e industrial, había aumentado su participación en la producción industrial total del mundo a más de un tercio y había superado al capitalismo en muchos ámbitos de la industria, la ciencia y la tecnología. El socialismo había mejorado de forma impresionante el nivel de vida de las trabajadoras y trabajadores, había garantizado la educación y salud gratuitas para todas y todos, había erradicado el analfabetismo y el desempleo y había desarrollado una clase obrera altamente educada y cualificada. El socialismo había llevado a las masas a un nivel muy alto de educación y cultura, y había dado a la humanidad del siglo XX algunos de sus más destacados escritores, poetas y artistas. El socialismo había establecido la coexistencia pacífica entre las diferentes naciones que vivían dentro de sus fronteras. A escala mundial, el socialismo había desempeñado un papel decisivo en la caída del antiguo sistema colonial, en la liberación de los pueblos oprimidos de Asia, África y América Latina y en la lucha de muchas naciones por la independencia política y el desarrollo socioeconómico. Y, por último, a pesar de todas las subversiones imperialistas, las agresiones militares y los bloqueos económicos y tecnológicos, el socialismo había disfrutado de una tasa de crecimiento económico a largo plazo muy superior a la de los países capitalistas más avanzados.

La crisis del socialismo fue una crisis de crecimiento, no de fracaso. En cada etapa de su desarrollo, el socialismo tuvo que ajustar sus relaciones sociales y económicas de producción al nuevo nivel de desarrollo de sus fuerzas productivas para garantizar su crecimiento continuado. Lo que transformó esta crisis natural de crecimiento en un terreno objetivo para una crisis sociopolítica fueron los errores subjetivos del PCUS y la falta de acciones oportunas para reajustar las relaciones de producción a las nuevas fuerzas productivas del socialismo.

Sin embargo, ninguno de estos errores fueron suficientes para derribar el orden socialista. Todavía se disponía de recursos suficientes para corregirlos, y el socialismo aún podía confiar en sus logros para eliminar los motivos de la crisis. Lo que

impidió esto y empujó los acontecimientos hacia el desmantelamiento del sistema socialista fue la aparición, el crecimiento
y la traición final del socialismo por parte de una determinada
capa social que, para promover sus propios y estrechos intereses, tanto en el Partido como en el Estado, se convirtió en la
base interna de las conspiraciones del imperialismo contra el
socialismo, proporcionando así a este las herramientas políticas
necesarias para destruir el socialismo desde dentro.

# Cuarta parte

# De la renovación al desmantelamiento del socialismo

## 1. La fase inicial de las transformaciones

Los motivos de la crisis, que se venían gestando desde hace tiempo y que ya eran evidentes en la década de 1970, impulsaron finalmente a la dirigencia soviética en la década de 1980 a enfrentarse a los problemas y buscar soluciones reales. La génesis de este enfoque fue la elección de Yuri Andrópov al puesto de secretario general del Partido, lo cual ocurrió durante el Pleno del Comité Central del 12 de noviembre de 1982, tras el fallecimiento de Leonid Brézhnev. Diez días después, Andrópov declaró en el Pleno del Comité Central del 22 de noviembre que: «en una serie de indicadores clave no se cumplieron los objetivos de los dos primeros años del [11] quinquenio», y que «el principal indicador de la eficiencia de la economía -la productividad del trabajo- está creciendo a un ritmo insatisfactorio para nosotros». Continuó diciendo que: «Todavía hay muchos gerentes económicos que, aunque citan con facilidad las famosas palabras de Leonid Brézhnev de que la economía debe ser económica, hacen poco en la práctica para conseguirlo». Basándose en estas observaciones pidió una importante revisión de la organización económica del país. Algunos de los puntos más destacados de sus propuestas eran los siguientes:

- Era necesario elevar la responsabilidad para velar por los intereses de todo el Estado y todo el pueblo, y erradicar decididamente el departamentalismo y el parroquialismo. Hay que combatir más decididamente toda infracción de la disciplina partidista, estatal y laboral...

- Tuvieron grandes reservas en la economía nacional... Estas reservas se encuentran en la aceleración del progreso científico y tecnológico y en la rápida introducción a gran escala de los avances científicos y tecnológicos y de la experiencia avanzada en la producción. Esta cuestión no es nueva, por supuesto... Sin embargo, el progreso es lento...

- La unión de la ciencia y la producción debe ser promovida por métodos de planificación y por el sistema de incentivos materiales...

- La tarea no consiste únicamente en aumentar la producción de bienes de consumo, sino también en mejorar considerablemente su calidad. Esto se aplica no solo a las industrias ligeras y locales, sino también a las empresas de las industrias pesadas y de defensa...

- Tuvieron varios ejemplos de trabajo creativo y de una actitud verdaderamente ahorrativa con los bienes del pueblo, pero desgraciadamente esta experiencia no se difunde adecuadamente. Esto significa que falta algo más, por ejemplo iniciativa y lucha decidida contra la mala gestión y el despilfarro...

- Una de las tareas centrales de la economía nacional era introducir orden en la construcción del capital. Un aumento constante de la economía y la mejora del bienestar del pueblo son tanto el deber para el pueblo soviético como el deber internacionalista. Al plantear la cuestión de esta manera, el partido se guía por la clarividente afirmación de Lenin de que ejercemos la principal influencia en el proceso revolucionario mundial a través de la política económica.

- Pensaron que las dificultades y tensiones características de la actual situación internacional pueden y deben ser superadas. La humanidad no puede seguir soportando la carrera armamentística y las guerras si no quiere poner en peligro su futuro. El PCUS no quiere que la disputa de ideas se convierta en un enfrentamiento entre Estados y pueblos; no quiere que las armas y la disposición a utilizarlas se conviertan en un indicador de las potencialidades de los sistemas sociales... la rivalidad militar no es la preferencia; el ideal del socialismo es un mundo sin armas.

- Quisiera subrayar que estas cuestiones son de primera importancia y vitales para el país. Si las resuelve con éxito, la economía seguirá creciendo y el nivel de vida del pueblo mejorará aún más...

- Por supuesto, esta tarea solo puede llevarse a cabo con la participación de cada trabajadora y trabajador y de todos los que trabajan en nuestras empresas y granjas colectivas y estatales. [Cuadros del Partido] Se deben esforzar para que consideren esta tarea como su propia causa.[101]

Andrópov identificó la causa de los problemas sociales que atenazaban y debilitaban el sistema socialista correctamente como el problema de la «nivelación» de los ingresos que había erosionado los incentivos materiales para el trabajo. Advirtió que la nivelación de los salarios había dado lugar al crecimiento de «fenómenos parasitarios» en la «cara humanista del socialismo».

Más tarde, en marzo de 1983, en un famoso discurso pronunciado en el centenario de la muerte de Carlos Marx[102] y refiriéndose a la teoría de la distribución de Marx en las fases iniciales del comunismo, insistió en que: «Es el trabajo y solo el trabajo, sus resultados reales y no el deseo subjetivo o la buena voluntad de alguien que debe determinar el nivel de bienestar

---

[101] *Boletín informativo*, Documentos de los Partidos Comunistas y Obreros, Editorial Paz y Socialismo, Praga, enero de 1983, pp. 7-10.

[102] *Boletín informativo*, mayo de 1983, pp. 3-11.

material de cada ciudadano». Subrayó que cualquier intento de «lanzarse -a las formas comunistas de distribución- sin evaluar con precisión la contribución laboral de cada persona» está destinado a crear «ingresos no ganados, los llamados rolling stones, vagabundos, holgazanes y los malos trabajadores que realmente se aprovechan de la sociedad y viven de la masa de trabajadores conscientes».[103] En su discurso, Andrópov declaró «inadmisible cualquier violación de la exigencia económica objetiva de un crecimiento más rápido de la productividad del trabajo que del consumo». En sus palabras, «un aumento salarial que no esté muy relacionado con este factor decisivo acaba teniendo un efecto negativo en toda la vida económica. Específicamente, estimula demandas que no pueden ser totalmente satisfechas en el nivel de producción dado y obstaculiza los pasos para eliminar la escasez con todas sus feas consecuencias, justamente resentidas por el pueblo trabajador.»[104]

Además, al tiempo que achacaba el bajo nivel de productividad del trabajo a la falta de aplicación de la tecnología moderna al proceso de producción, insistía en que «es inadmisible, desde el punto de vista económico, mantener la considerable proporción de trabajo manual no mecanizado, que se sitúa en el 40 por ciento solo en la industria».[105] Sobre esta base, advertía «contra posibles exageraciones de la medida en que [la Unión Soviética] se ha acercado a la fase superior del comunismo». Subrayó que «debemos tener una idea sobria de dónde estamos. Correr hacia adelante significa plantear tareas irrealizables; contentarse con lo logrado significa no utilizar todo lo que tenemos a nuestra disposición. Lo que se requiere ahora es ver nuestra sociedad en su dinámica real, con todas sus potencialidadesynecesidades».[106]

---

[103] *Ibidem*, p. 6.

[104] *Ibidem*

[105] *Ibidem*, p. 7.

[106] *Ibidem*

154

Andrópov señaló algunas cuestiones políticas e ideológicas importantes que habían sido ignoradas durante mucho tiempo. A la vez de apoyar el concepto del «Estado de todo el pueblo», señaló que la instauración del socialismo es «inconcebible sin... la dictadura del proletariado». Refiriéndose a las enseñanzas de Marx, subrayó que «es esta dictadura la que abre el camino del desarrollo político que conduce en última instancia al autogestión comunista.»[107] Declaró abiertamente que «la democracia soviética ha tenido... y va a seguir teniendo dificultades de crecimiento» como resultado de numerosos factores, entre ellos «la ‹guerra psicológica› desatada por el imperialismo», e insistió en que su mejora «requiere la eliminación de la sobreorganización y el formalismo burocráticos» y «todo lo que amortigua y socava la iniciativa de las masas, encadena el pensamiento creativo y la causa viva del pueblo trabajador».[108]

Subrayó que «el principio organizativo probado de toda la vida de la sociedad socialista es el centralismo democrático, que permite combinar con éxito las ventajas de un sistema único de dirección, planificación y gestión científicas... Pero, desgraciadamente, todavía hay personas que intentan oponer sus intereses egoístas a la sociedad, a sus demás miembros. En este sentido, se hace evidente la necesidad de trabajar para educar, a veces reeducar, a algunas personas, y combatir las invasiones del orden público socialista y de las normas de la vida colectivista. Y esto no es un «desprecio de los derechos humanos»... sino un humanismo y una democracia reales, que significan la administración por voluntad de la mayoría y en interés de todo el pueblo trabajador».[109]

Andrópov calificó de «simplista y políticamente ingenua» la idea de que el socialismo «se deshace de todas las contradic-

---

[107] *Ibidem*

[108] *Ibidem*, p. 8.

[109] *Ibidem*

ciones y diferencias» y admitió que la sociedad soviética tiene «tanto contradicciones como dificultades». En su opinión, el hecho de que las contradicciones antagónicas no existan en el socialismo no debe llevar a la conclusión de que «se puede prescindir de las contradicciones no antagónicas [e] ignorarlas en política. La vida nos enseña que incluso las contradicciones que no son por naturaleza antagónicas pueden causar graves colisiones si se ignoran». Señaló que «los éxitos en la construcción del socialismo» solo pueden lograrse «cuando la política del Partido Comunista en el poder se apoye en una sólida base científica» y que «cualquier subestimación del papel de la ciencia marxista-leninista y de su desarrollo creativo, una interpretación pragmática estrecha de sus tareas, el desprecio de los problemas fundamentales, la influencia de la conveniencia o la teorización escolástica están cargados de graves consecuencias políticas e ideológicas».[110]

Sobre esta base, concluyó que «sentimos cada vez más la necesidad de hacer una investigación seria sobre la economía política del socialismo... El marxismo no es un dogma, sino una guía eficaz para la acción. Y para poder seguir el ritmo de la vida, los comunistas deben llevar adelante y enriquecer la enseñanza de Marx en todas las direcciones, y aplicar creativamente en la práctica su método de dialéctica materialista... No la erosión de la enseñanza marxista-leninista, sino, por el contrario, una lucha por su pureza y desarrollo creativo: tal es el camino hacia el conocimiento y la solución de nuevos problemas».[111]

En su totalidad los puntos de vista expuestos por Yuri Andrópov se convirtieron en la columna de las políticas que, tras el Congreso del PCUS de 1986, llegaron a conocerse como «Reestructuración» (Perestroika). Es cierto que muchas de estas ideas no eran nuevas y llevaban tiempo circulando, pero fue la primera vez que se tomaron medidas prácticas reales para

---

[110] *Ibidem*, p. 10.

[111] *Ibidem*

su aplicación. Al fin y al cabo las reformas propuestas por Andrópov se habían originado en el XX Congreso (1956), donde deberían haberse incluido en el orden del día, pero no se hizo. Desgraciadamente, muchos Congresos del Partido se sucedieron sin que se prestara atención a estos problemas, lo que permitió que se fermentaran.

Y así, tras 25 años de retraso, la tan esperada reforma de las estructuras económicas y políticas del socialismo se convirtió en el orden del día. Bajo el breve liderazgo de Andrópov, se puso en marcha una seria campaña para combatir la burocracia, la corrupción y el parasitismo económico que habían quedado sin control, y que habían dañado el prestigio del Partido. El restablecimiento de la disciplina laboral y la eficiencia tuvieron la máxima prioridad. Asimismo, se realizaron esfuerzos concertados para combatir la holgazanería y la ociosidad, al tiempo que se reforzaron los incentivos materiales y se abandonaron prácticamente las estrategias de equiparación de ingresos.

Se emprendió un esfuerzo sistemático para desarrollar la democracia socialista y una mayor participación de las masas en el proceso político. Se introdujeron algunos cambios en la política de formación de cuadros del Partido, etcétera. La combinación de estas medidas para «corregir» el socialismo y eliminar las ineficiencias dejó una impresión duradera en el pueblo soviético, dándole muchos motivos para el optimismo. Parecía que el Partido había puesto todos sus recursos al servicio de su misión histórica de nuevo y estaba en camino de eliminar las condiciones que alimentaban la crisis.

Sin embargo, veinticinco años de retraso en la aplicación de las tan necesarias reformas habían tensado mucho la situación económica y política, creando muchos problemas insolubles para el Partido. La cuestión se complicó aún más por los grandes avances técnicos en los países imperialistas -en particular en el ámbito de la informática y la electrónica- que habían conducido en el campo militar al gigantesco programa de la «Guerra de las Galaxias».

El creciente coste de los gastos militares, unido a las malorientadas políticas económicas del pasado reciente, había conducido a una tasa de crecimiento mucho más baja. El descontento generalizado, junto con la propaganda anticomunista de Occidente, había dejado su huella en las masas hasta el punto de que la gente estaba claramente consternada con el *statu quo* y las y los dirigentes del país. A esto hay que añadir la preocupante evolución de las capas tecnocráticas y burocráticas que habían crecido dentro del Partido y del Estado durante casi tres décadas.

Todos estos factores exigían el mayor grado de alerta y vigilancia por parte del Partido. Tal como había subrayado Yuri Andrópov, el Partido estaba llamado a elaborar una política basada en los intereses de las masas, con su participación y sobre una sólida base científica. El Partido tenía que lograr esto mientras se encontraba bajo la ofensiva propagandística directa o indirecta, la subversión y las distorsiones llevadas a cabo por los Estados imperialistas y sus servicios de inteligencia.

## 2. El 27 Congreso: impulsar el potencial de desarrollo del socialismo

El 27 Congreso del PCUS que se reunió en 1986 -dos años después de la muerte de Andrópov- ratificó un amplio paquete para la revisión de las estructuras económicas y políticas. El lema principal del Congreso fue «Aceleración» y no la llamada «Apertura» (Glasnost). El Duodécimo Plan Quinquenal para 1986-1990 ratificado en este Congreso recogía tres temas: la descentralización de la planificación económica y la modernización de la producción; el establecimiento e impulso de incentivos materiales y la expansión de la democracia socialista.

158

El Congreso también estableció las líneas generales de un Plan de 15 años para el periodo 1986-2000 en el que se preveía un ritmo de crecimiento acelerado al final del siglo, tras la finalización del Duodécimo Plan Quinquenal. Algunas de las características más destacadas del plan para llevar a cabo cambios radicales en la sociedad eran las siguientes:

- Acelerar el desarrollo social y económico;
- Acelerar sustancialmente el progreso científico y tecnológico;
- Garantizar un nuevo aumento del bienestar de todos los sectores de la población y una mejora significativa de las condiciones de vida;
- Aumentar el ingreso real per cápita en un 60 a 80 %;
- Acreditar el prestigio social de la mano de obra concienzuda y de alta calidad y de las competencias profesionales;
- Con el crecimiento de la productividad laboral, aumentar los salarios y mejorar las formas de pago; proporcionar un mayor estímulo moral a los colectivos de trabajo e individuos;
- Mejorar las condiciones de trabajo; reducir la proporción del trabajo manual en la producción al 15-20 % (desde el 45 %);
- Satisfacer mejor la demanda de las y los consumidores con productos de alta calidad y diversificados;
- Mejorar el suministro de alimentos hasta alcanzar el nivel de las normas científicamente justificadas para el consumo racional;
- Aumentar el comercio minorista en un 80 %;
- Desarrollar una industria de servicios altamente eficiente para reducir la carga de las tareas domésticas;
- Proporcionar un apartamento o casa a cada familia;
- Duplicar los fondos para la seguridad social, las vacaciones, la educación y los servicios sanitarios;
- Fomentar el deporte y otras formas de recreación;
- Persistir en la realización de trabajos de protección del medio ambiente;
- Duplicar la renta nacional, principalmente aumentando la pro-

ductividad del trabajo en un 130-150 % para alcanzar el nivel más alto del mundo de productividad social del trabajo;

- Economizar en materiales y combustibles, satisfaciendo así el 75-80 % de las mayores requerimientos;

- Aumentar la eficacia de las inversiones de capital, haciendo más hincapié en el reequipamiento y la reconstrucción que en la construcción de nuevas empresas desde cero;

- Garantizar la aceleración holística del progreso científico y tecnológico y la aplicación general de sus resultados en la industria y la gerencia, en la esfera de los servicios y en la vida cotidiana;

- Reforzar el papel de los Soviets de Diputados del Pueblo -la forma más importante de gobierno socialista del pueblo- en el desarrollo económico, social y cultural; ampliar la participación de las trabajadoras y trabajadores en la administración.[112]

De acuerdo con el objetivo de reducir el exceso de centralización en la economía, muchas funciones gubernamentales se transfirieron a las empresas de la economía. Estas últimas estaban facultadas para tomar decisiones definitivas sobre cuestiones relacionadas con el tipo y la cantidad de bienes producidos. La decisión de comprar la materia prima de una fuente que eligieran ellas también entraba en su ámbito. También se les concedió cierta autonomía limitada para fijar los niveles salariales de sus empleados, así como los precios de sus productos. Paralelamente a estas, se ampliaron las prerrogativas de las empresas. Ahora se esperaba que aseguraran su solvencia continua y que regularan y cumplieran sus cuotas mensuales planificadas.

En el ámbito de los incentivos materiales, se abandonó y, de hecho, se invirtió la política de equiparación de los niveles de ingreso. Los niveles anormalmente bajos de ingresos para las ocupaciones que requerían formación, conocimientos técnicos y educación superior fueron objeto de un fuerte reproche. En esta categoría se incluyen las y los médicos, profesores, ingenie-

---

[112] Victor Perlo, *Super Profits and Crises: Modern U.S. Capitalism*, International Publishers, Nueva York, 1988, pp. 509-510.

ros y científicos.

También se promulgaron algunas medidas para ampliar la democracia socialista. Por ejemplo, las empresas y los colectivos de trabajadores tuvieron una mayor participación en la determinación de los salarios de las empleadas y empleados sobre la base del valor creado. Durante el periodo 1986-1987 decenas de miles de directores de fábricas y empresas fueron elegidos, ascendidos o incluso despedidos de sus puestos de trabajo mediante votación directa de las trabajadoras y trabajadores. La cuestión de la disciplina de las trabajadoras y trabajadores se delegó igualmente a las y los representantes de los puestos de trabajo. Incluso se les permitió recortar los salarios y beneficios de holgazanes y ociosos.

A raíz de estos cambios, el Pleno del Comité Central del PCUS de enero de 1987 criticó duramente el burocratismo, especialmente en las propias filas del Partido, lo que finalmente sentó las bases para frenar el ascenso de la burocracia en la sociedad.

En poco tiempo el impacto de estos nuevos cambios fue visible en toda la esfera de la producción. A los dos años del Duodécimo Plan Quinquenal, el aumento del nivel de producción en muchos sectores superó los objetivos fijados por el Plan. De ellos, el más llamativo fue el sector de la vivienda, en el que la producción ascendió a 2,3 millones de unidades en 1987, ¡15 puntos porcentuales por encima de las cifras previstas![113]

En el pleno del 25 de junio de 1987 se informó que:

En promedio, las tasas de incremento de la productividad laboral durante los dos últimos años han aumentado, superando las cifras promedias anuales del período del Undécimo Plan Quinquenal en la industria y la construcción en un 30 %, en la agricultura en un 100 % y en el transporte ferroviario en un 200 %...

---

[113] *Por el camino de la reforma radical*, Declaración del Comité Estatal de Estadística de la URSS sobre los resultados del cumplimiento del Plan Estatal de Desarrollo Económico y Social de la URSS en 1987, *Reprints from the Soviet Press*, marzo de 1988, p. 44.

Durante 1985-1986, la tasa promedia de aumento de la producción industrial fue del 4,4 % y la de la agricultura del 3 % ...

Este año la tasa de aumento de las inversiones de capital en el ámbito social es tres veces mayor que en el conjunto de la economía nacional.[114]

Todo esto era evidencia de que el Partido era capaz de recuperar la iniciativa histórica en un corto período de tiempo si restablecía los criterios científicos en la producción socialista y aplicaba los principios democráticos socialistas. Demostró que un Partido armado con el marxismo-leninismo e impulsado por la energía creativa de las trabajadoras y trabajadores podía superar todos los obstáculos, por formidables que fueran, y proceder a la renovación socialista.

Pero, desgraciadamente, no fueron solo las y los comunistas quienes actuaron a nivel social. Un paréntesis de 25 años en el que no se habían llevado a cabo los cambios tan necesarios en el sistema socialista había provocado el crecimiento tumoral de una capa burocrática que también era muy consciente de sus propios intereses y que actuaba en consecuencia; una capa que encontraba su interés en borrar el socialismo en lugar de redimirlo. Fue esta la capa más importante, apoyada incondicionalmente por el enemigo internacional de clase del proletariado, el que finalmente consiguió convertir el proceso de renovación en un proceso de desmantelamiento y destrucción del socialismo.

## 3. De la corrección a la destrucción total: el modelo del «socialismo humano» de Gorbachov

Si el 27 Congreso puede considerarse un éxito a la hora de trazar un nuevo camino económico y político para el Partido y

---

[114] *Reprints from the Soviet Press*, 30 de julio/15 de agosto de 1987, p. 6.

la clase obrera, fue un revés de proporciones históricas en lo que respecta a la composición de la nueva directiva que eligió. Fue en este Congreso donde las crecientes capas burocráticas y tecnocráticas del aparato del Estado se apoderaron de las posiciones estratégicas clave dentro de la dirección del Partido y aseguraron su dominio organizativo sobre sus estructuras. Mientras que el 22 Congreso y sus años posteriores constituyeron un punto de inflexión en el que las crecientes capas de la burocracia y la tecnocracia aseguraron su dominio sobre las estructuras e instituciones políticas del Estado Socialista, el 27 Congreso se convirtió en otro punto de inflexión en el que estas capas y sus representantes políticos -personificado en el cuerpo de Mijaíl Gorbachov y sus asociados- sobrepasaron y capturaron el alto mando del poder de clase del proletariado, es decir, la dirección del Partido Comunista, y convirtieron este poder en un arma eficaz para promover sus propios intereses mediante la destrucción del socialismo. El imperialismo, que había esperado esta oportunidad dorada durante mucho tiempo, también movilizó todos los recursos materiales y propagandísticos a su disposición para ayudar a esta nueva facción dentro de la dirección del Partido en su apuesta por el dominio total del PCUS.

Así, la crisis social y económica que se venía gestando en la superficie desde hacía tres décadas como resultado de ciertos factores objetivos y de errores subjetivos del Partido, se transformó ahora en una crisis política. A partir de aquí, la lucha por la corrección de los errores del pasado y la renovación del socialismo se convirtió cada vez más en una lucha decisiva por la continuidad del propio sistema socialista. La cuestión de garantizar la supervivencia del socialismo, que desde el principio había ocupado la mente de las y los dirigentes de la revolución, incluido del propio Lenin, volvió a ocupar el centro del escenario, y la realidad de la lucha de clases bajo el socialismo, descontada durante algunas décadas, se impuso a las y los comunistas con todo su peso.

De este modo, dos corrientes paralelas pero divergentes surgieron tras el 27 Congreso: una para la corrección de las deficiencias del socialismo y la aceleración de su crecimiento sobre la base de las resoluciones del Congreso, apoyadas por el pueblo trabajador y las y los comunistas; y la otra para la destrucción del socialismo y la orientación del camino en la dirección de los intereses de las capas burocráticas y tecnocráticas que habían tomado el poder en el 27 Congreso, y que disfrutaban del apoyo incondicional del imperialismo. Mientras que las y los comunistas insistían en fortalecer los principios y leyes socialistas en la economía y en ampliar la democracia socialista a nivel social, Gorbachov y su compañía, bajo el disfraz del llamado «nuevo pensamiento», intentaron mover las políticas en la dirección de implementar rápidos cambios en la estructura política del socialismo e imponer la democracia burguesa y una economía de libre mercado en la sociedad soviética.

En los años inmediatamente posteriores al 27 Congreso, cuando el control del poder por parte de esta facción era todavía tenue, la facción actuó con gran prudencia: mientras se consolidaba en los altos niveles de la dirección del Partido y asignaba todos los puestos importantes a sus leales partidarios, pretendía defender la «aceleración» del desarrollo socialista. Durante los años 1987-89 desplegó todos los medios organizativos posibles para socavar a las y los comunistas dentro de la dirección del Partido y cambiar el curso de los acontecimientos. Una tras otra, las reuniones plenarias del Comité Central celebradas después del 27 Congreso tomaron decisiones que eran competencia exclusiva de los congresos del Partido. El proceso de purga de las «conservadoras» y «conservadores», es decir, de las y los comunistas que actuaban como un obstáculo para las reformas previstas por la facción de los órganos de dirección del Partido -casi siempre llevado a cabo a través de una campaña de mentiras y vilipendio- tomó un mayor peso cada día. Cada purga ilegal de la dirección del Partido era aplaudida y vitoreada por los servicios de propaganda de los países imperialistas, proporcionando a las y los «demócratas» recién colgados dentro del Partido Comunista un reconocimiento y una «legitimidad» adicional.

Paralelamente, la autoridad para tomar decisiones cruciales que afectan al destino de la nación en su conjunto fue retirada de forma preventiva del Comité Central y transferida cada vez más a las nuevas estructuras burocráticas, disminuyendo constantemente la supervisión del Partido sobre los asuntos del Estado. Paralelamente a la reducción del papel del Partido, también se desmanteló rápidamente el sistema de planificación central. El número de personal gubernamental que participaba en la administración de la economía se redujo de 200.000 en 1987 a 58.000 en 1989.[115] En comparación, los Departamentos del Tesoro, Comercio y Agricultura de los Estados Unidos, cuyo papel en la economía capitalista estadounidense es mucho menor que los de la Unión Soviética, tenían 300.000 empleados en los mismos años.[116]

Con el creciente músculo organizativo de esta facción, su verdadera línea política también se hizo más evidente y se impuso cada vez más a la sociedad. A medida que se consolidaba el poder de la facción, se intensificaron sus ataques ideológicos y políticos contra el llamado «socialismo de cuartel», contra la economía planificada y contra las «conservadoras» y «conservadores» opuestas a la reforma. En nombre de la lucha contra el «estalinismo», los representantes de la facción utilizaron los medios de comunicación para librar un ataque frontal contra toda la historia y los logros del socialismo, contra el PCUS y

---

[115] Victor Perlo, *The Economic and Political Crisis in the USSR*, Political Affairs, agosto de 1991, p. 14.

[116] *Ibidem.*

el modo de vida socialista, y contra principios tan importantes como el centralismo democrático, que para ellos significaba «falta de democracia».

Cada vez más el propio Gorbachov apuntó a los logros pasados del socialismo. Su repetida acusación de que la planificación central y el sistema socialista han sido la principal causa del estancamiento económico despertó muchas dudas y desilusión hacia el socialismo. Esto ocurrió en un momento en el que incluso las personas expertas y periodistas occidentales tuvieron que admitir que, a pesar de la ralentización de la actividad económica, los ingresos reales del pueblo soviético había registrado una tasa promedia de crecimiento del 3,47 % por el periodo 1960-1984, lo que se tradujo en una triplicación del nivel de vida durante este periodo.[117] Según Nikolai Ryzhkov, uno de los colaboradores más cercanos a Gorbachov, en los 35 años anteriores a 1987, la renta nacional de la Unión Soviética se había multiplicado por 6,5, cifra que equivale a una tasa promedia de crecimiento anual del 5,5 %. (Durante el mismo período, la renta nacional de los Estados Unidos se había multiplicado por 2,8 -una tasa promedia de crecimiento anual del 3 %- ¡pero nadie se atrevió a llamarlo estancamiento económico!).[118]

En su esfuerzo por preparar el ambiente político para la introducción de la economía de libre mercado, esta facción comenzó a contraponer la Nueva Política Económica (NEP) al sistema socialista de planificación central de la economía, insistiendo en que el abandono de la NEP era el primer paso histórico en la violación de los principios socialistas. Paso a paso, los llamamientos a la aplicación de reformas políticas «desde arriba» y a la instauración de una «democracia» al estilo occidental sustituyeron a la política de reformas económicas en favor a las

---

[117] *Ibídem*, p. 12.

[118] *Ibídem*.

trabajadoras y trabajadores. Cada vez se argumentaba más que sin esas reformas políticas desde arriba no sería posible ninguna reforma económica desde abajo.

Hasta ese momento la representación política de esta facción hizo todo lo posible por ocultar sus políticas y disfrazarlas como pasos para salvaguardar la esencia socialista del sistema. El concepto de «economía de mercado» se presentaba invariablemente como un concepto benigno e inofensivo. Incluso las defensoras y defensores más acérrimos del capitalismo y los partidarios anticomunistas de esta facción se cuidaban de no ser vistos utilizando la palabra «capitalismo» en público, prefiriendo en cambio hablar de boquilla de las demandas de las trabajadoras y trabajadores. Pero todo esto cambió en los últimos meses de 1988, después de que esta facción lograra imponer su política de «nuevo pensamiento», «apertura» y «democracia» a la dirección del Partido en la XIX Conferencia Sindical del PCUS celebrada el 30 de junio de 1988. A partir de ese momento la consigna principal del 27 Congreso del PCUS, la «aceleración» del desarrollo socialista fue completamente abandonada en favor de los estrechos intereses de estas capas.

Con su poder firmemente establecido y su plataforma impuesta al Partido en su conjunto la facción lanzó un abierto y arrollador ataque ideológico, político y económico contra el socialismo. El «nuevo pensamiento», que al principio se vendía seductoramente como la «expansión del socialismo», se utilizaba ahora abiertamente como un pararrayos para la restauración de las relaciones capitalistas en la URSS. Los círculos cercanos a esta facción llevaron a cabo una despiadada campaña contra los principios básicos del socialismo y del marxismo-leninismo. Los conocidos líderes de esta facción, como el Ministro de Asuntos Exteriores Eduard Shevardnadze e intelectuales como Stanislav Menshikov, esencialmente utilizaron el concepto de «nuevo pensamiento» como mecanismo para justificar y promover abiertamente el capitalismo y defender la política exterior del imperialismo. Durante 1989-90, Gavril Popov, que fue asignado por la facción como editor de la revista *Asuntos Económicos* del PCUS, utilizó las páginas de esa revista como tribuna para atacar la teoría de la plusvalía de Marx, afirmando que las y los capitalistas obtenían sus beneficios no de la explotación de las trabajadoras y trabajadores, ¡sino de su «trabajo mental»! ¡En otros artículos, atacaron la teoría del imperialismo de Lenin afirmando que las grandes potencias capitalistas no eran responsables del saqueo de otros países! La realidad de la lucha de clases y la contradicción entre el trabajo y el capital se negaban cada vez más, mientras que se hacía un llamamiento constante a la «desideologización» de las relaciones entre los Estados socialistas y los imperialistas. Los medios de comunicación se llenaron de recetas de destacados capitalistas occidentales para «reformar» la estructura económica y política del socialismo. Se extendieron fácilmente invitaciones a muchas de esas figuras desagradables, especialmente a «expertos» y «economistas» afiliados al Departamento de Estudios Soviéticos de la Universidad de Harvard, para enseñar «economía moderna» a la intelectualidad soviética. Y, lo más sorprendente de todo, ¡todas estas campañas de propaganda anticomunista se llevaron a cabo en nombre de la dirección del PCUS!

Gus Hall, presidente del Partido Comunista de los EE. UU., hizo una vívida descripción de la ofensiva ideológica antisocialista que estaba en marcha en ese momento:

> Si se juntan la falta de educación ideológica y el hecho de que durante los últimos cinco años no ha habido ninguna defensa del socialismo, se obtiene la imagen de lo desigual que ha sido la lucha ideológica. Los siete periódicos que defendían el socialismo han sido silenciados. Los medios de comunicación de masas están abiertos a todos los antisocialistas del mundo. Radio Europa Libre y Radio Libertad tienen sus oficinas en todas las grandes ciudades y acceso diario a las ondas. Todos los predicadores de

la derecha de la televisión estadounidense están en el aire en las grandes ciudades de la Unión Soviética. Las organizaciones patrocinadas por la CIA, incluyendo la fundación ultraderechista Heritage, tienen programas que se emiten en toda la Unión Soviética. John Sununu, jefes de departamentos del FBI y dirigentes de los Jóvenes Republicanos regularmente dan conferencias al personal del Comité Central y del Komsomol. El ejército estadounidense ha enviado instructores para dar conferencias en la Unión Soviética sobre cómo «hacer su ejército más democrático». Los asesores, economistas, ideólogos y profesores estadounidenses son partidarios activos de la economía capitalista y de la democracia burguesa en todos los institutos y niveles de gobierno. Y, por supuesto, hay más programas de intercambio de estudiantes, donde hombres y mujeres soviéticos pasan años en Harvard y Yale aprendiendo ser «empresarios».

Mientras que la Unión Soviética ha abierto las compuertas a todas las revistas y periódicos extranjeros, incluidos la basura pornográfica y sensacionalista, han cancelado todos los periódicos comunistas extranjeros. Esta amplia penetración ideológica se ha llevado a cabo con la aprobación de Gorbachov y el grupo que le rodea.[119]

Este ataque ideológico y total al socialismo se combinó con el desmantelamiento gradual pero consciente de las relaciones de producción socialistas, su sustitución por relaciones capitalistas y los intentos de crear una nueva clase capitalista en el país. En 1990 el propio Mijaíl Gorbachov anunció oficialmente el abandono de los principios fundamentales del socialismo, es decir, la propiedad pública sobre los medios de producción, la economía planificada y otras disposiciones socialistas de la Constitución de la URSS. Declaró públicamente que el «antiguo modelo teórico y práctico de socialismo, que se impuso al Partido durante décadas, ha demostrado ser insostenible... Nuestro objetivo es crear una economía mixta y multiforme, en la que todas las formas de propiedad se desarrollen libremente

---

[119] Gus Hall, *The Crisis in the Soviet Union*, Observaciones a la reunión especial del Comité Nacional, Partido Comunista, EE.UU., 8 de septiembre de 1991, p. 3.

para dar al mayor número de trabajadores la oportunidad de convertirse en propietarios.»[120]

Sin embargo, esto no era más que un elemento superficial. Los cambios fueron mucho más allá de una mera «diversidad de formas de propiedad». En realidad, la promoción de la propiedad privada y la privatización de las empresas estatales se convirtió en la máxima prioridad de la facción. Esta política se reflejó en los documentos de febrero de 1990 del Comité Central del PCUS con las siguientes palabras: «Otra tarea importante es la transformación de la propiedad estatal en una de estas «formas modernas» de propiedad privada».[121] Gorbachov justificó el brusco giro ideológico en la política del gobierno: «El rasgo más importante de este proyecto es la decidida ruptura con los dogmas y estereotipos ideológicos obsoletos y el esfuerzo por actualizar nuestra visión del mundo y nuestra política...»[122] Así, la propiedad pública sobre los medios de producción fue declarada como «dogma ideológico obsoleto» y la propiedad privada se convirtió en una «forma moderna» de propiedad en la Unión Soviética.

Esta declaración oficial de la política de privatización, que no era otra cosa que una declaración de victoria de un golpe de Estado procapitalista desde arriba, no reflejaba los deseos de 19 millones de las y los miembros del Partido con carné. Más bien era la exigencia de la «mayoría» de un Comité Central que ya había sido purgado de sus miembros comunistas «conservadores». Además, esta resolución violaba claramente la Constitución de la URSS, la cual estipulaba en términos muy claros que «los principales asuntos del Estado se someterán a una discusión nacional y a un voto popular (referéndum)».[123]

---

[120] *Ibídem*, p. 6.

[121] Victor Perlo, *The Economic and Political Crisis in the USSR*, Political Affairs, agosto de 1991, p. 13.

[122] Gus Hall, op. cit. , p. 6.

[123] *Constitución (Ley Fundamental) de la Unión de Repúblicas Socialistas Soviéticas,*

**170**

Naturalmente, la transición del socialismo al capitalismo no podía ser legal sin el consentimiento del pueblo soviético. Pero a las organizadoras y organizadores del golpe de Estado procapitalista no les importaban los deseos del pueblo. No solo ignoraron el referéndum de 1990 en el que el 76 % del pueblo soviético votaba por mantener la URSS, sino que nunca llevaron a cabo un segundo referéndum sobre la propiedad privada de la tierra. Eran plenamente conscientes de que también en este referéndum serían completamente derrotados.

Hacia finales de 1990, ignorando los deseos de millones de comunistas y del pueblo trabajador, Gorbachov y sus co-conspiradores oficialmente aprobaron unas leyes para la privatización de las empresas públicas y el establecimiento de la bolsa de valores.

Se apresuraron a entregar la propiedad de estas empresas a las mismas capas burocráticas que las gestionaban. Con la riqueza nacional del pueblo subastada a esta capa los gestores de ayer se transformaron en capitalistas instantáneos y el golpe capitalista se expandió de la esfera política a la económica. El saqueo de la propiedad pública y su apropiación privada por parte de las capas burocráticas del Estado se convirtió en la norma establecida en la economía. Las capas mafiosas de capitalistas recién surgidas crecieron como hongos, acumulando una riqueza de proporciones astronómicas a costa del pueblo trabajador. Instituciones financieras imperialistas como Merril Lynch fueron reclutadas por Gorbachov y sus asociados para supervisar y dirigir el proceso de privatización de las empresas estatales, convirtiéndose en los guardianes imperialistas de la economía soviética.

Otro paso dado por las y los golpistas fue la imposición de relaciones capitalistas en la distribución de bienes de consumo.

---

aprobada en la Séptima Sesión (Especial) del Soviet Supremo de la URSS, Novena Convención, 7 de octubre de 1977. Editorial de la Agencia de Prensa Novosti, Moscú, 1977, artículo 5, p. 20.

En nombre de la «mejora de la calidad y la cantidad de los bienes y servicios», pasaron a crear las llamadas «cooperativas de productores», que, en contra de la legislación soviética, no dependían exclusivamente del trabajo de sus propios miembros. En muchas ciudades y Repúblicas importantes, las autoridades pertenecientes a esta facción ignoraron abiertamente las leyes al formar estas falsas «cooperativas». En menos de un año, a finales de 1989, estas llamadas «cooperativas de productores» tenían más de cinco millones de trabajadores en sus nóminas. Por otra parte, las verdaderas cooperativas fueron socavadas hasta el punto de que, en 1991, su número se redujo al 20 por ciento de todas las cooperativas del país.[124] Como resultado de estas políticas, la distribución de los productos básicos que necesitaba el pueblo trabajador se desplazó de las auténticas cooperativas y los almacenes públicos a las recién creadas «cooperativas» capitalistas, donde los precios eran prohibitivos y, en la mayoría de los casos, las ventas se realizaban en divisas. Todo esto ocurría en el momento en que Gorbachov aseguraba engañosamente a las trabajadoras y trabajadores que la «propiedad colectiva» de las cooperativas y las empresas privadas no solo «reforzaría los pilares democráticos de la sociedad», sino que también convertiría a las trabajadoras y trabajadores en los «dueños de los medios de producción», un camino en el que, según Gorbachov, «no hay base para la explotación».[125]

El efecto acumulativo de estas políticas traicioneras fue un fuerte descenso en el nivel de producción, que condujo a una grave escasez de productos básicos para el pueblo trabajador. Junto con la intensificación de la crisis de producción, Gorbachov y su administración renegaron de su anterior compromiso con el desarrollo científico-tecnológico de la economía. Los

---

[124] Victor Perlo, *The Economic and Political Crisis in the USSR*, Political Affairs, agosto de 1991, p. 14.
[125] *Ibídem.*

fondos para la inversión en la producción de bienes de capital se recortaron drásticamente y el presupuesto para la investigación y el desarrollo en el sector civil de la economía se redujo por 4.000 millones de rublos.[126] En su lugar, la atención se centró en las inversiones en el sector de los bienes de consumo con el fin de llenar los cuellos de botella causados por el mercado negro y los sabotajes descarados de las y los capitalistas. Pero, como era de esperar, estas inversiones también se perdieron en los bolsillos sin fondo del sector privado.

Para compensar la escasez de productos de primera necesidad, las y los golpistas recurrieron cada vez más a la importación de bienes de consumo, abriendo de par en par las puertas de la economía a la avalancha de productos procedentes de los países occidentales. Esta política de importación de puertas abiertas condujo a niveles alarmantes de deuda externa y a una creciente dependencia de los bancos e instituciones financieras capitalistas internacionales. Según las estimaciones occidentales, en 1990 la deuda externa de la Unión Soviética, que se había mantenido intencionadamente baja a lo largo de la historia soviética, aumentó rápidamente hasta la astronómica cifra de 58.000-69.000 millones de dólares.[127] La solvencia del país cayó en picado.

En 1990 por primera vez en la historia soviética, el Producto Nacional Bruto (PNB) del país, su renta nacional y la productividad del trabajo experimentaron un descenso, y a mediados de 1991 esta tendencia de bajada adquirió proporciones catastróficas. Según la Oficina Estatal de Estadística de la URSS, «en comparación con las cifras de 1990, en el primer semestre de 1991 el PNB ha disminuido un 10 %, la renta nacional un 12 % y la productividad social del trabajo un 11 %. El descenso de la producción industrial continúa en todas las

---

[126] *Ibídem*, p. 16.

[127] *Ibídem*, p. 16.

ramas y ha alcanzado el seis por ciento en comparación con el año pasado... La industria química y maderera ha disminuido un 50 %, la metalúrgica un 46 %, la producción energética un 34 % y la industria de maquinaria un 37 %. La producción de carbón ha disminuido en 41 millones de toneladas y la de petróleo en un seis por ciento».[128] Por otra parte, en el mismo año, la tasa de inflación se elevó al 100 por ciento y diversas fuentes informaron de que el 60 por ciento de las trabajadoras y trabajadores soviéticas vivían en el umbral de la pobreza o por debajo de él. Todo ello provocó mucho sufrimiento entre la población, agravando una situación ya de por sí inestable.

Junto con los crecientes problemas de la gente y el descenso de su nivel de vida, la bestia de la enemistad nacional, que los logros soviéticos habían vencido durante los últimos 70 años, levantó su fea cabeza una vez más. Los conflictos nacionales y los enfrentamientos militares entre diversas nacionalidades -algunos de los cuales avivados conscientemente por las y los golpistas y las fuerzas imperialistas- por un lado, y el creciente descontento del pueblo y su protesta contra la situación provocada por las políticas gubernamentales, por otro, intensificaron la crisis política dentro del país. Así, el peligro de desintegración de la URSS se sumó a los problemas ya causados por el «nuevo pensamiento» de Gorbachov.

Las y los golpistas procapitalistas utilizaron el creciente descontento de las masas que habían contribuido a crear conscientemente para asestar el golpe final contra el socialismo. Tras haber conseguido dar un golpe organizativo dentro del Partido, seguido por un golpe económico a nivel social, pasaron a dar otro golpe político a nivel gubernamental con planes para desmembrar el Estado Soviético. Primero, las Repúblicas bálticas se separaron de la Unión Soviética y luego, en septiembre

---

[128] Traducido de *Nameh Mardom*, órgano del Partido Tudeh de Irán, nº 357, 3 de septiembre de 1991, p. 4.

174

de 1990, Yeltsin anunció la retirada de la República Rusa de la URSS. Posterior a Rusia, Ucrania, Bielorrusia y Kazajstán declararon su decisión de separarse de la Unión Soviética. A continuación, tras los frustrados acontecimientos de agosto de 1991, el propio PCUS fue declarado «ilegal» por Yeltsin; se confiscaron todos sus bienes y propiedades y se inició la persecución y detención de miembros del Partido en todo el país. Finalmente, con la disolución ilegal de la URSS en 1992 las y los golpistas lograron su objetivo político final.

De esta manera, el proceso que había comenzado originalmente para acelerar el desarrollo del socialismo se transformó en un proceso de desmantelamiento del socialismo desde arriba y en la destrucción final del Estado Socialista en la URSS. Como ha explicado Gus Hall:

> Fue a los dos años de perestroika cuando empecé a preocuparme no por los detalles sino por la dirección general del proceso. Junto con ella, se desmantelaron las viejas estructuras sin que nada ocupara su lugar. La descentralización se llevó al extremo. Las fábricas y los complejos industriales quedaron en el vacío, sin planes y, lo que es más importante, sin vínculos entre sí.

> En el primer año, miles de fábricas cerraron sus puertas. La antigua estructura económica, con todas sus debilidades, era la base sobre la que la Unión Soviética aumentaba la producción cada año. Esta estructura fue desmantelada, incluso los vínculos entre la industria y la agricultura, así como un sistema de transporte controlado y coordinado a nivel central... El desmantelamiento del sistema existente provocó el caos y grandes trastornos en la economía.

> Cada año, desde que se desvió la perestroika, la producción siguió disminuyendo. Las políticas aplicadas bajo Gorbachov crearon estragos en la economía soviética. Se salió de los carriles socialistas. La política y la propaganda procapitalista y antisocialista de las fuerzas de la derecha causaron un grave daño ideológico. La ideología se salió de los carriles comunistas, marxistas-leninistas. Estos errores, errores de cálculo y políticas equivocadas fueron el resultado de un error humano.

En la Unión Soviética, la corrección de errores y los debates en torno a la teoría se salieron de control. Los elementos antisocialistas lograron imponerse. Durante cinco años nadie defendió el socialismo, su historia y sus logros, su derecho a defenderse y a preservar el sistema socialista. Las calumnias y el vilipendio del sistema socialista y del Partido Comunista quedaron en su mayoría sin respuesta. Esto condujo a la confusión masiva. Los corruptos, anticomunistas y delincuentes llegaron a puestos de poder. Se apoderaron de los medios de comunicación. El Partido Comunista de la Unión Soviética entró en una espiral de la cual todavía no ha salido.[129]

Y todo esto, se podría añadir, fue el resultado directo de la toma de posesión del Partido por parte de las capas burocráticas y tecnocráticas del Estado.

---

[129] Gus Hall, *The Crisis in the Soviet Union*, Observaciones a la Reunión Especial del Comité Nacional, Partido Comunista, EE.UU., 8 de septiembre de 1991, p. 6

*Conclusiones:*

## ¿Era inevitable el colapso?

Sin duda, el cambio consciente hacia la destrucción del socialismo nunca fue el deseo de la clase obrera y del pueblo de la Unión Soviética. La prueba está no solo en el referéndum de 1990 en el que la gran mayoría del pueblo soviético votó a favor de mantener la Unión Soviética, sino también en el hecho de que todos estos acontecimientos se iniciaron desde arriba y dentro de la propia dirección del PCUS. A lo largo de este período es difícil encontrar un caso de manifestación de masas o de movimiento social organizado por el pueblo dirigido contra el orden socialista, contra el Estado Socialista o contra el propio Partido Comunista. No se puede decir que fue la presión desde abajo que haya sido responsable por el desmantelamiento del régimen socialista en la URSS.

Por otra parte, el hecho de que la gran mayoría de miembros del Partido estaban en contra de estos acontecimientos está bien documentado y es indiscutible. Este sentimiento se reflejó especialmente en el 28 Congreso del PCUS, celebrado en julio de 1990, en el que la dirección fue duramente criticada por su política. Sin embargo, a pesar de toda la oposición de las delegadas y delegados, las y los golpistas lograron avanzar en sus objetivos en el 28 Congreso. Hablando en el «Tribunal Constitucional» celebrado para el «juicio» contra él y otros dirigentes del Partido, Igor Lygachev, miembro del Buró Político del PCUS y secretario del Comité Central, cuya posición de principios contra la política de Gorbachov le costó su puesto más tarde en 1990, explicó cómo Gorbachov y sus colaboradores ocultaron sus verdaderas intenciones e incluso sus decisiones del Comité Central y el PCUS en su conjunto:

> ... las demandas de las organizaciones del Partido en Moscú, Leningrado, Kiev y otras, así como mis propios memorandos al Buró Político sobre la necesidad de convocar una sesión extraordinaria del Comité Central para discutir las cuestiones de la unidad del Partido y la integridad del país, fueron ocultadas al Comité Central. Durante los años 1990-91 el PCUS quedó al margen del proceso de toma de decisiones sobre cuestiones importantes, incluso las más importantes como la transición a la economía de mercado y la privatización de la propiedad. Estas cuestiones solo llegaron a la atención del Comité Central después de que se habría tomado una decisión... Me siento culpable por no haber utilizado todo lo que estaba a mi alcance para impedir esta transformación de la política del país.[130]

Lygachev rechazó resueltamente la afirmación de los «nuevos pensadores» de que las y los comunistas eran responsables de la destrucción del orden socialista:

> La afirmación hecha en el Tribunal por los representantes del Presidente de que «el orden económico fue arruinado por la dirección del Partido» es una mentira en toda regla. Es un intento de los demócratas de culpar a los comunistas de la labor destructiva del gobierno.
>
> Las estadísticas demuestran que durante la posguerra la producción industrial del país se multiplicó por 24 y la renta nacional

---

[130] Traducido de *Nameh Mardom*, n° 388, 19 Aban 1371, 10 de noviembre de 1992, p. 7.

178

por 16. Recuerdo muy bien que durante los primeros años de perestroika (1985-1989) el nivel de producción en la industria y la agricultura alcanzó su nivel más alto. La construcción de viviendas también mostró un crecimiento similar.

Durante esos años, la gente disfrutaba de su mayor nivel de vida. Las cosas mejoraban porque la renovación de la sociedad se llevaba a cabo sobre la base del socialismo y dentro del marco del sistema soviético.

Luego, el proceso de reestructuración perdió su dirección socialista y demócrata y se adoptó el curso de retorno a un orden burgués. Los «nuevos pensadores» y los demócratas son los que crearon las condiciones actuales del país.[131]

Los hechos históricos también confirman los argumentos de Lygachev. La pérdida del Estado Socialista no tuvo nada que ver con los pasados problemas económicos de la Unión Soviética. El PCUS, aunque con retraso, había establecido en 1982 las medidas adecuadas y necesarias para la rápida eliminación de las condiciones objetivas que habían conducido a la crisis, y de hecho había dado importantes pasos hacia ese fin. Los efectos positivos de estas medidas eran cada vez más visibles en todas las esferas de la vida social, y la sociedad había dado pasos significativos en la dirección de superar las deficiencias. Lo que convirtió este proceso de corrección en un proceso de desmantelamiento, y la destrucción final del orden socialista, fue la acción conspiradora de un estrato social específico que, gracias a los errores y descuidos pasados de la dirección del Partido, había crecido en tamaño y fuerza. Este estrato, a través del tiempo, logró apoderarse de la dirección del Partido, y aprovechó el tremendo apoyo material y propagandístico que recibió del imperialismo para dar un golpe capitalista desde arriba.

Por eso hoy, con muchos hechos históricos al descubierto, se puede afirmar categóricamente que las causas de la destrucción del Estado Socialista en la Unión Soviética no estaban rela-

---

[131] *Ibidem*, pp. 6-7.

cionadas básicamente con las condiciones objetivas que habían dado lugar a la crisis del socialismo. La destrucción del Estado Socialista no fue consecuencia del desarrollo de contradicciones antagónicas e irreconciliables dentro del sistema socialista. Tampoco fue el resultado de la toma del Estado Socialista por una supuesta «nueva clase dominante» -por ejemplo, la burocracia, etcétera- como algunos han afirmado; o de la transformación de la naturaleza del sistema socialista en su conjunto en algún otro sistema -como el «capitalismo de Estado», etcétera- como han afirmado otros. Más bien, fue el resultado de actos conscientes de sabotaje llevados a cabo por una determinada facción dentro de la dirección del Partido, una facción cuyos estrechos intereses coincidían con los de los capitalistas e imperialistas, y que se benefició enormemente del apoyo incondicional de los Estados imperialistas en sus esfuerzos por socavar el socialismo en la URSS.

Sin embargo, hubo manera de evitar este complot antiobrero y antisocialista. Una maniobra oportuna y vigilante de las y los comunistas a través de una movilización masiva de millones de trabajadores prosocialistas podría haber frustrado el complot y evitado la tragedia. Esta conclusión, sin embargo, plantea una serie de preguntas que requieren respuestas, entre ellas: ¿Por qué la clase obrera soviética, cuyos intereses de clase objetivos estaban directamente amenazados por estos acontecimientos, no adoptó un papel activo en defensa del socialismo? Y, ¿por qué el Partido y la mayoría de las y los comunistas no descubrieron este complot a tiempo y no pusieron una resistencia eficaz contra él?

## El papel del «nuevo pensamiento»

Uno de los principales factores que contribuyó a la indecisión de las y los comunistas y del pueblo trabajador fue el fenómeno del «nuevo pensamiento». El contexto de la aparición de este fenómeno fue el conjunto de medidas correctoras iniciadas por el propio PCUS para paliar las deficiencias existentes en el sistema socialista. Por esta razón, la verdadera esencia del «nuevo pensamiento» quedó oscurecida a los ojos de las masas trabajadoras y de las y los comunistas durante mucho tiempo. Esto es especialmente cierto en lo que conciernen los aspectos antiobreros de este fenómeno, que fueron inyectados en el movimiento paso a paso y de forma fragmentaria y, por tanto, sus efectos inmediatos se mantuvieron imperceptibles para las masas.

Al mismo tiempo, el hecho de que tales puntos de vista fueran articulados por la propia dirección del Partido, jugó un papel importante de este fenómeno y en desarmar a las masas contra él. Desde la Revolución de Octubre el pueblo soviético solo conocía y confiaba en un partido: el PCUS y su dirección. El hecho de que el golpe procapitalista se llevara a cabo en nombre del gran Partido de Lenin fue la razón principal de la confusión y la falta de resistencia del pueblo. El pueblo de la Unión Soviética aceptó los cambios debido a su confianza histórica en el PCUS, y solo después de la catástrofe se dio cuenta del verdadero significado de ellos.

En este sentido, las acciones engañosas de Gorbachov y sus asociados desempeñaron un papel clave en la confusión y el desarme de las masas. Mientras llevaban a cabo un complot antisocialista de forma encubierta, se presentaban públicamente como campeones del progreso socialista, afirmando que estos cambios garantizarían «más socialismo» para el pueblo trabajador. No se puede dudar ni un momento de que las masas obreras y el pueblo de la Unión Soviética habrían reaccionado de forma diferente si hubieran conocido desde el principio la verdadera esencia del «nuevo pensamiento» y el plan de las y los «nuevos pensadores» para desmantelar el socialismo en la URSS.

Las ramificaciones objetivas de las políticas económicas de las y los «nuevos pensadores» también desempeñaron un papel importante en la creación de apatía entre las trabajadoras y trabajadores. El aumento sin precedentes de la pobreza y el desempleo, la inflación galopante y la drástica caída del valor del rublo, que habían reducido profundamente el poder adquisitivo de las trabajadoras y trabajadores obligándoles a pasar hambre y a caer en la indigencia, provocaron una gran desafección entre el pueblo; y como todos estos desastrosos cambios se hicieron en nombre del Partido, las trabajadoras y trabajadores empezaron a culpar al Partido y al Estado Socialista del deterioro de sus condiciones. Si bien las políticas iniciales destinadas a acelerar el crecimiento socialista habían animado a las masas populares, las desviaciones de estas políticas y el descenso vertiginoso hacia el capitalismo sirvieron para desilusionar al pueblo y alejarlo del Partido y de su dirección.

Al mismo tiempo, la escasez y la creciente pobreza de las masas tuvieron como consecuencia adicional el desvío de la atención de las trabajadoras y trabajadores del proceso político y su orientación hacia una existencia miserable para ellos y sus familias. Esta fue otra causa importante de la falta de respuesta de la gente a los asuntos sociales y políticas. Este fenómeno demostró vívidamente la veracidad de la observación de Marx de que: «... la primera premisa de toda existencia humana y también, por tanto, de toda historia, es que los hombres se hallan para «hacer historia» deben estar en condiciones de poder vivir.... El primer hecho histórico es, por consiguiente ... la producción de la vida material misma».[132]

De esta manera, el «nuevo pensamiento» y las líneas económicas y políticas que se derivan de él no solo causaron confusión entre las masas de trabajadores e impidieron que tomaran

---

[132] Karl Marx, *The German Ideology*, International Publishers, Nueva York, 1947, p. 48; MECW, Vol. 5, pp.41-2.

una posición política firme contra las y los defensores del capitalismo, sino que crearon las condiciones materiales para el éxito de un golpe de Estado procapitalista al amenazar el propio sustento de las masas y, por tanto, alejarlas del proceso político. En otras palabras, el «nuevo pensamiento» actuó como un arma de doble filo en manos de los enemigos de la clase obrera: por un lado, causó confusión en las mentes de la gente sobre el verdadero significado de los desarrollos en su sociedad; y por otro lado, socavó la resistencia política de la gente a deteriorar sus condiciones de vida hasta el punto de que la supervivencia económica se convirtió en su principal preocupación del día. El secreto del éxito de los golpistas procapitalistas radica en el uso eficaz de esta arma de doble filo.

## La falta de una respuesta decisiva por las y los comunistas

Si se puede atribuir la falta de respuesta de las masas a su confusión y al deterioro de las condiciones de vida, tal razonamiento no puede servir para explicar la falta de respuesta decisiva de las y los comunistas. Si se puede decir que las masas están teóricamente o ideológicamente mal equipadas para comprender la verdadera esencia del «nuevo pensamiento», las y los comunistas no carecían de conocimientos para identificar ese tortuoso fenómeno por lo que era. ¿Deberían haber sabido desde el principio que el «nuevo pensamiento» y sus premisas eran totalmente ajenos a las enseñanzas del marxismo-leninismo y del comunismo? ¿Deberían haber reconocido que representaba la perspectiva y los intereses de la burocracia estatal? La negación de la realidad de la lucha de clases, la negación de la hegemonía proletaria sobre las estructuras políticas del socialismo, el rechazo del poder de la clase obrera y de un enfoque no clasista del concepto de democracia, el rechazo del concepto de

Estado ideológico de clase, la llamada a la «desideologización» de las relaciones internacionales entre los Estados socialistas y capitalistas, el rechazo del internacionalismo proletario, el rechazo del concepto de imperialismo y el énfasis en la «convergencia» de los sistemas socialista y capitalista y, lo que es más importante, el rechazo abierto de la propiedad socialista sobre los medios de producción como el principio más fundamental del socialismo, todo ello estaba en contradicción directa con los fundamentos ideológicos y teóricos de la visión marxista-leninista del mundo.

Pero a pesar de todas las flagrantes desviaciones de las defensoras y defensores del «nuevo pensamiento», las y los comunistas soviéticos no opusieron una resistencia significante y, como dijo Igor Lygachev, no lograron «movilizar sus recursos» para desenmascarar el complot, alertar a las masas del peligro incipiente y llamarlas a la acción. Un rechazo oportuno y decidido de estas desviaciones por parte de las y los comunistas podría haber evitado el desastre. Pero, desgraciadamente, no se materializó, y los enemigos de la clase obrera y del socialismo aprovecharon plenamente la vacilación de las y los comunistas para confundir aún más a las masas y asestar su golpe decisivo contra el socialismo en la URSS.

Aunque las razones subyacentes a la falta de vigilancia y de respuesta decidida de las y los comunistas soviéticos contra el «nuevo pensamiento» y sus políticas desviadas aún no se han analizado completamente, se pueden identificar ciertos factores sobre la base de las tendencias históricas más generales:

1. A lo largo de este período, las y los comunistas parecen haber actuado sobre la base de la falsa premisa histórica de que «el proceso de construcción del socialismo ha llegado a un punto en el que se ha vuelto irreversible». La sobreestimación de las potencialidades, capacidades y grandes logros del socialismo, por un lado, y la subestimación de las capacidades destructivas

de los enemigos del socialismo, especialmente de los Estados imperialistas, por otro, tuvieron el efecto combinado de cegarles ante los verdaderos peligros que amenazaban la existencia misma del sistema socialista.

2. El concepto de un «Partido de todo el pueblo», que había dominado la perspectiva del PCUS y su política de cuadros durante las últimas décadas, no solo había embotado la vigilancia ideológica dentro de las filas del Partido, sino que también había abierto sus puertas de par en par a la penetración de elementos no proletarios, debilitando así la fuerza relativa de las y los comunistas frente a las tendencias no proletarias dentro del Partido. Como resultado, estos elementos influyeron cada vez más en los procesos de toma de decisiones internas del Partido, dificultando la aparición de una resistencia coherente y sólida a las desviaciones ideológicas y políticas de la dirección del Partido.

3. La tarea de dirigir el desarrollo hacia la «aceleración» del crecimiento socialista, que en un principio se basaba en la amplia participación de las trabajadoras y trabajadores en toda la sociedad, pasó gradualmente a manos de las y los intelectuales y tecnócratas del Partido, cuyo enfoque de estos desarrollos era menos clasista e ideológico y más político y pragmático. No solo no comprendieron la importancia de la participación de la clase obrera en este proceso, sino que, al confinar toda la toma de decisiones al dominio exclusivo de la alta dirección del Partido, aislaron de hecho a las trabajadoras y trabajadores de la participación en el proceso de reestructuración. Esto no solo debilitó la posición de las y los comunistas en este proceso, sino que también llevó a la adopción de ciertas políticas subjetivistas y acomodaticias que prepararon el camino para la dominación final del «nuevo pensamiento» sobre las políticas del Partido.

4. El pragmatismo político dentro del movimiento comunista mundial, que había convertido cualquier forma de crítica

abierta a los Partidos Comunistas y a los Estados socialistas en tabú, empujó de nuevo a muchos Partidos Comunistas y Obreros del mundo a un silencio pasivo frente a las políticas destructivas llevadas a cabo por la dirección del PCUS. Aunque buena parte de este silencio se derivó de los efectos confusos del propio «nuevo pensamiento», no cabe duda de que las normas tradicionales que rigen las relaciones entre los Partidos a nivel mundial desempeñaron un papel importante en el silencio inicial de muchos de ellos. La experiencia demuestra que, con la excepción de unos pocos, la mayoría de los Partidos Comunistas y Obreros de todo el mundo utilizaron el estribillo «los camaradas soviéticos están en plena lucha y saben más» para evitar la adopción de una posición explícita contra estas desviaciones. Solo empezaron a tomar posiciones abiertas cuando una parte de la dirección del PCUS ya había declarado su oposición a estas políticas. Pero era demasiado poco y demasiado tarde, y la oportunidad de evitar el golpe capitalista ya había pasado.

Parece que todos estos factores, así como muchas otras causas históricas que necesitan un estudio más profundo, han contribuido a la indecisión de las y los comunistas y a la falta de respuesta oportuna a las políticas destructivas que transformaron el proceso de renovación socialista en un proceso de destrucción del socialismo en la URSS y en otros países socialistas. Pero esto no implica en absoluto una subestimación de las heroicas luchas de las y los comunistas, y especialmente de las y los comunistas soviéticos y de otros bloques socialistas en defensa del socialismo y de los principios comunistas. El hecho de que el éxito de un golpe de Estado procapitalista en el país de los soviets pudiera asegurarse solo mediante la prohibición del PCUS, la confiscación de los bienes del Partido, la detención y la persecución de las y los comunistas en todo el país y el bombardeo del Parlamento es testimonio evidente e innegable del papel heroico que el PCUS y las y los comunistas soviéticos desempeñaron en defensa del socialismo y sus grandes logros. Ni la destrucción de los Estados socialistas ni ningún retroceso histórico pueden negar el valor de sus luchas y los tremendos logros de las y los comunistas para el pueblo trabajador de los países socialistas y del mundo durante los últimos 80 años.

## El futuro

Hoy, tras el desmantelamiento de los Estados socialistas en la URSS y otros países de Europa del Este, hay quienes quieren hacernos creer que la Revolución de Octubre ha llegado a su fin; que «el comunismo ha muerto»; que el marxismo-leninismo ha encontrado su fin; que la clase obrera ha perdido su potencial revolucionario; que la lucha de clases ya no existe; y que el imperialismo ha renunciado a su explotación y opresión sobre las masas en todo el mundo. Instan a las y los comunistas a abandonar su ideología científico-revolucionaria y a subirse al vehículo de la socialdemocracia, la democracia burguesa y, en última instancia, el oportunismo y el nihilismo, si no quieren ser «descartados» por la historia.

Pero un simple vistazo al triste destino de quienes convirtieron esa propaganda imperialista en su grito de guerra demuestra lo absurdo de estas afirmaciones. Menos de una década después del desmantelamiento de los Estados socialistas, ha quedado bastante claro a quiénes la historia descartará: no son las y los comunistas y marxistas-leninistas -quienes han ido recuperando su fuerza- sino los mismos que dieron la espalda a la clase obrera, a la ideología comunista, a la Revolución de Octubre y al socialismo. Solo hay que preguntarse: ¿dónde ha colocado la historia a personajes como Gorbachov, Yakovlev, Shevardnadze y Yeltsin? En el contexto histórico, una década es muy poco tiempo. Pero eso fue todo lo que necesitó la historia para emitir su juicio sobre las y los que traicionaron al socialismo y dieron la espalda al futuro de la humanidad.

De hecho, la realidad histórica se está imponiendo rápidamente en las mentes de las masas de todo el mundo. Las trabajadoras y trabajadores, especialmente los que viven en los antiguos países socialistas, se están dando cuenta rápidamente de la verdadera naturaleza del trato injusto que recibieron del imperialismo y de sus aliados cuasi-comunistas. El reciente giro de los acontecimientos en Lituania, Eslovenia, Tayikistán, Hungría, Bulgaria y, lo que es más importante, en la República Rusa, ha demostrado una vez más el hecho de que la marcha de la historia hacia adelante no puede ser revertida; y que aquellos que cometen el error de hacer tal intento son castigados rápida y severamente por la propia historia humana.

La realidad es que el proceso que se inició con la Gran Revolución Socialista de Octubre tuvo su origen en una necesidad histórica; fue una respuesta a ciertas necesidades objetivas de la sociedad humana en un determinado nivel de su desarrollo histórico. Estas necesidades históricas objetivas no han sido, *ni pueden ser*, respondidas por el capitalismo, y por esta misma razón, no se puede dudar ni un momento de que la Revolución de Octubre, la lucha por el socialismo y el comunismo, continúan.

Al mismo tiempo, es innegable que el reciente retroceso en el curso del progreso humano ha provocado cambios temporales, aunque importantes, en el equilibrio relativo de las fuerzas de clase internacionales y, en consecuencia, en la mente de muchos seres humanos. Así como en los últimos ochenta años, el poderoso imán del socialismo en crecimiento había atraído a un segmento importante de las capas medias y, especialmente, de la intelectualidad progresista a la causa del socialismo y del comunismo, hoy el retroceso en el proceso de construcción socialista y el dominio global temporal del imperialismo han convertido de nuevo al capitalismo en una poderosa fuerza gravitatoria para estas mismas capas. Esta nueva tendencia, que se

188

basa más que nada en un sentimiento de derrota e impotencia frente al imperialismo, tiene un carácter derechista, socialdemócrata y en muchos casos oportunista. Rechaza conceptos como la lucha de clases, el imperialismo y el internacionalismo y la necesidad de acabar con la explotación capitalista. Esta tendencia, que trata de limitar las luchas de las trabajadoras y trabajadores a una mera defensa de la democracia burguesa y a la «reforma» del capitalismo, aboga ahora por la «disolución» de los Partidos Comunistas o por su transformación en socialdemócratas. Escondido tras una máscara «marxista», intenta rechazar el leninismo y las luchas obreras de los últimos ochenta años. Pero rechazar el leninismo es rechazar el marxismo; y por eso, hoy en día, una firme lucha ideológica contra tales tendencias oportunistas constituye una parte integral de la lucha de las y los comunistas contra la guerra total del capitalismo contra el socialismo.

La lucha de clases por el socialismo continúa. Pero la victoria en esta lucha depende de la reorganización de un amplio frente unitario internacional comunista-obrero-antiimperialista para defender a los países socialistas existentes, proteger la actividad legal de todos los Partidos Comunistas y de la clase obrera; salvaguardar los logros pasados de los movimientos comunistas y de la clase obrera tanto en los países capitalistas como en los exsocialistas, y apoyar las luchas antiimperialistas y de liberación nacional de las trabajadoras y trabajadores en los países subdesarrollados. Solo así el movimiento comunista y obrero internacional podrá superar el actual retroceso y dirigir a las miles de millones de trabajadoras y trabajadores explotadas y oprimidas de todo el mundo hacia su emancipación definitiva de la explotación y la opresión de clase.

# *Epílogo*

El proceso consciente de construcción del comunismo es emprendido históricamente por hombres y mujeres que, por mucho que hayan superado mentalmente los límites teóricos e ideológicos del sistema capitalista, sin embargo, son hijos del viejo orden y, por tanto, llevan sobre sus espaldas toda su onerosa carga. A diferencia del «Espíritu Absoluto» de Hegel, no han entrado en la historia desde su punto final, sino que son creados por esta historia y actúan dentro de sus límites. Al igual que la sociedad en la que viven, llevan sobre sus hombros la pesada carga del pasado, una carga que obstaculiza y limita sus movimientos. Deshacerse de esta pesada carga no puede ser el trabajo de una o dos generaciones. Solo puede hacerse mediante la larga y prolongada lucha de la humanidad progresista por la construcción de una sociedad comunista. En este sentido, el proceso de construcción del socialismo y del comunismo es al mismo tiempo el proceso de educación y evolución de todos los seres humanos vivos que luchan por este objetivo.

La visión subjetiva de estos seres humanos de una sociedad socialista, por perfecta que parezca en sus mentes, pierde su perfección en cuanto entra en el ámbito objetivo de la historia.

La primacía de la conciencia y del elemento subjetivo en el proceso de construcción del socialismo no implica en absoluto una rendición incondicional de la realidad objetiva a los deseos de las vanguardias del progreso humano. La única diferencia entre este y los procesos pasados, como ha subrayado Marx, es que aquí, por primera vez en la historia, es el presente viviente el que gobierna sobre el pasado muerto. Pero incluso aquí, el dominio del presente viviente no es un dominio absoluto e incondicional. El legado del pasado siempre se impone al presente. Escapar de este legado, circunscribirlo, solo puede hacerse mediante una mejor comprensión de las leyes que gobiernan la realidad objetiva y mediante la conformidad con las exigencias de estas leyes. El hombre aprendió a volar solo después de comprender adecuadamente las leyes de la gravedad. La marcha firme hacia el comunismo requiere igualmente una plena comprensión de las leyes objetivas y la concepción de medios adecuados para aprovecharlas. Y en este proceso, en cualquier momento y lugar en que la conciencia y la subjetividad humanas entren en conflicto y no en conformidad con estas leyes objetivas y requisitos, se prepara nuevamente el terreno para que el dominio del pasado muerto se imponga sobre el presente viviente. En el sentido filosófico más profundo esta ha sido la última causa de la crisis del socialismo.

Al mismo tiempo, sería un grave error olvidar que los errores subjetivos de las y los comunistas, por graves y críticos que hayan sido, se produjeron en el marco de una lucha extremadamente difícil y desigual contra el imperialismo mundial y sus intrigas; que se han producido en el curso de la travesía de un camino histórico completamente inexplorado para el que no existe ninguna pauta preestablecida. Por lo tanto, no se trata de culpar a estas verdaderas vanguardias del progreso humano por sus errores y tropiezos en el curso de su noble lucha. Se trata más bien de aprender de sus experiencias positivas y negativas para evitar errores similares en nuestra larga lucha por la liberación de la humanidad de la explotación y la opresión.

Las y los comunistas, como vanguardia de la liberación humana, no tienen más remedio que aprender del pasado en su continua lucha por el socialismo y el comunismo. Son plenamente conscientes de que, en su difícil lucha, están obligados a enfrentarse a otros obstáculos igualmente difíciles; de que podrían ser golpeados una y otra vez; y de que pueden sentir el amargo sabor de más reveses en el camino. Pero también son igualmente conscientes de que, como en el pasado, superarán todos los obstáculos; se levantarán una vez más; y seguirán añadiendo a la lista de sus grandes logros. Como subrayó Lenin tras la victoria de la Revolución de Octubre:

> Nosotros hemos empezado la obra. Poco importa saber cuándo, en qué plazo y en qué nación culminarán los proletarios esta obra. Lo esencial es que se ha roto el hielo, que se ha abierto el camino, que se ha indicado la dirección.[133]

---

[133] V. I. Lenin, *Obras Completas*, Editorial Progress, Moscú, 1977, volumen 33, p. 57.

# Contenido:

# Índice

www.ingramcontent.com/pod-product-compliance
Lightning Source LLC
Chambersburg PA
CBHW060917140726
47996CB00001B/289